Dedicatorios y Comentarios

PUERTA HACIA EL PROGRESO

CONOCIMIENTOS BÁSICOS

Más importantes e indispensables para el
Progreso y Prosperidad a nivel
NACIONAL

Por: Jesus Delgado

De su libro: " Rise and fall of a Nation - Wake of the world"

"Engrandecimiento y caída de una Nación-Despertar del Mundo"

© Copyrighted 1979 -Traducido y revisado © 2,007-©2,008

Todos los derechos reservados-All rights reserved

2da Edición

ISBN   978-0-6151-9114-0

TEMAS Y PROPUESTAS

ALIANZA

CIENCIA

CREATIVIDAD

ECONOMÍA

DECISIÓN

ESTRATEGIA

INGENIO

INDUSTRIAS

FOMENTO

INNOVACIÓN

INICIATIVA

INVESTIGACIÓN

EXPERIMENTOS

PROSPERIDAD

PROGRESO

PRODUCCIÓN

OROS

DIALECTOS

TÁCTICAS

TECNOLOGÍA

CONSTRUCCIÓN

RENOVACIÓN

RIQUEZA

SUBSIDIOS

SUPERACIÓN

PROPUESTAS

PROYECTOS

PRESENTACIÓN

P R E S E N T A C I Ó N

Bienvenidos a nuestra presentación de conocimientos básicos sobre economías nacionales en el mundo. Presentarémos aquí, conocimientos sobre condiciones económicas y situaciones comunes por las que todos atraviesan, incluímos también tácticas, estrategias y proyectos para mejorar y hacer crecer las economias para beneficio de la nación en cada país.

Al presentar nuestros estudios, asumimos que el país al que nos referimos, es un país con gobierno democrático que ha sido electo por la mayoría de sus ciudadanos, para gobernar y dirigir los destinos de la nación y el país, convirtiéndose con ésto en servidor de la nación.

Que **la nacion es dueña** de todas las riquezas del país, incluyendo productos y monedas.

Que nación es el conjunto de ciudadanos que viven en un país.

Sin embargo todas las tácticas y estrategias aquí presentadas, para resolver problemas económicos, lo mismo que para mejorar las economías y progresar en todos los planos, son aplicables y dán los mismos resultados favorables en cualquier país del mundo.

En éste estudio repasarémos las reglas básicas sobre el manejo de recursos económicos y financieros, ajustándolas para que nos ayuden a empezar o continuar el camino hacia el progreso, y avanzar hasta alcanzar el nivel económico de paises ricos y poderosos.

Ya es tiempo que los paises pobres salgan de su pobreza y tomen el camino a la prosperidad y al progreso, y para ello les ofrecemos aquí las herramientas y vehículos para conseguirlo.

En la parte final, presentarémos nuestro proyecto exclusivo que nos ayudará a progresar en todos los campos de la ciencia y la industria, y que llevará a todos los paises que decidan participar, a convertirse en paises ricos y envidiados como los paises ricos de hoy.

En éste momento yá son quizá <u>cien o más</u> los años que nos separan de los paises ricos en adelanto y progreso industrial y técnico, en investigación, exploración, medicina, transporte, comunicaciones, navegación y en todos los conocimientos y avances cientificos, incluyendo electrónica y todas las tecnologías más avanzadas.

Aún cuando yá todos conocemos de éstos adelantos de los paises ricos y usamos sus productos, sin embargo, desconocemos la razón básica-científica de éstas tecnologías, **y somos dueños de nin - - gu - - na**.

Nuestros estudios ofrecen la forma de obtener ésos conocimientos y desarrollarlos. La decisión final de salir de ése profundo retraso, se pondrá al alcance de sus manos.

Estudarémos primero las bases de las economías y luego las tácticas y estrategias que han sido usadas por paises ricos, que luego se transforman en poderosos, gracias a su alto nivel económico, industrial, científico y financiero.

La población mundial en general, desconoce las tácticas y estrategias y aplicaciones económicas o financieras que aquí les darémos a conocer; Sin embargo todo mundo se sirve de los vehículos finacieros más importantes y comunes que mueven el comercio diario, el cual es el Dinero, y al hacerlo alimentan y aceleran las economías y el comercio nacional y mundial.

En la actualidad, se usan cheques bancarios, depósitos de banco regulares y a plazo, letras de crédito, pagarés y ahora las nuevas transacciones electrónicas que incluyen depósitos, cargos y retiros.

Todas éstas son formas diferentes que toma el dinero que es el vehiculo principal y más importante en el comercio y economías en éstos tiempos.

Es posible que existan algunos paises con ciertos conocimientos parecidos a éstos. Sin embargo, nuestros estudios <u>son completos y están escritos en este libro,</u> y rinden los resultados más envidiados y deseados en un período más corto, si las reglas y sugerencias aquí enunciadas son seguidas. Y desde este momento, este libro está a nuestra disposición desde hoy hasta siempre, si lo necesitamos.

Aun cuando las reglas de comercio en general, séa el comercio interno o externo, cámbian conforme a las condiciones politicas prevalentes y conforme a las necesidades y las conveniencias de cada país.

Sin embargo,sus decisiones estarán basadas en éstos conocimientos básicos, que dejan saber de antemano los resultados a obtener, lo que **les facilitará tomar una decisión.**

Aquí nos tomámos la libertad de presentar un punto que es sólo una pequeña parte en la trama completa del progreso de las naciones, quizá séa aplicable sólo a uno o dos paises, pero creémos que sirve de comparación y muestra. Tómenlo pues, como un punto a conocer.

Cuando un país pobre en busca de crédito, vá al banco mundial o Interamericano, controlado mayormente por paises ricos, éste muchas veces condiciona el crédito a medidas de austeridad a las que habrá de sujetarse el país solicitante, pidiéndole que reduzca sus gastos y presupuestos y quizá algo más.

Mientras tanto, los paises ricos exceden sus presupuestos una y otra vez, sin resultados trágicos para ellos, pero que insisten serían trágicos para los paises pobres solicitando créditos. Es decir: Les aplican la común **ley del embudo,** Ancho para ellos y angosto para los paises pobres.

Éste es sólo un pequeño ejemplo de las reglas y tácticas usadas por paises ricos, para que los paises pobres sigan en la misma pobreza y en ciertos casos para que empeoren. Es también posible que existan otras tácticas menos escrupulosas usadas para mantener paises pobres en la pobreza y para destabilizar a paises que estén en vía de recuperacion económica.

Austeridad aguda y prolongada <u>nunca ha producido prosperidad</u> o adelanto económico para la nación de algún país y desconocemos las razones por las cuales son aconsejadas o requeridas por otras naciones con la promesa de progreso.

Aquí, presentarémos <u>nuestro programa exclusivo, con conocimientos y tácticas y estrategias únicas, que facilitarán a todos los paises participantes a progresar en todos los campos de la ciencia y la industria y les pondrá a la altura y al nivel de los paises más ricos y poderosos.</u>

Que séan pues éstos estudios, una luz al final del túnel que les alumbrará el camino hacia la prosperidad.

Y que séan también la <u>PUERTA HACIA EL PROGRESO</u> y el bienestar para sus paises y ciudadanos.

Les rogamos que fuera de ustedes, nadie más deberá conocer de éstas tácticas y estrategias económicas y financieras.

Sin embargo, reconocemos que algunas de éllas pueden estar yá en práctica, pero la mayor parte aún son desconocidas para el resto del mundo.

Les pedimos, no hacer pública ni la menor parte de éstos estudios. Ésto asegurará que encontrarémos menos obstáculos en el camino, pues que si paises ahora ricos se enteran, es seguro que harán lo imposible por frustrar nuestras metas y tratarán de obstruir nuestro camino. El contenido de éste libro y **éstos estudios son absolutamente confidenciales.**

Este libro se ha escrito con el propósito de presentarlo directamente a gobernantes y Directores departamentales dentro de los gobiernos de los paises, pero si usted como ciudadano particular lo está leyendo es porque se ha decidido presentarlo a la ciudadanía en general, dejando en sus manos el hacer buen uso de toda ésta información - - - - - -.

¡ SEAN TODOS USTEDES BIENVENIDOS !

C A P I T U L O

- I -

CONOCIMIENTOS BÁSICOS DE ECONOMÍA

COMERCIO - DINERO - CONSTANTE ECONÓMICA

EMPLEOS - INFLACIÓN - RECESIÓN

DEPRESIÓN - CONTROL

Nuestro primer punto es: COMERCIO.

Comercio es el resultado del intercambio de productos, servicios y dinero, llevado a cabo entre personas, empresas y paises, unos cambian productos por dinero mientras otros cambian servicios por productos o también por dinero.

Antiguamente se cambiaban servicios o productos por otros servicios o por otros productos conforme se estaba de acuerdo en cambiar. Ésto, aunque un poco complicado por el cuidado que tenía que dársele a los productos en cambio, sin embargo era quizá la única forma de comerciar en los viejos tiempos.

Cabe mencionar aunque ahora nos parezca curioso, que el Imperio Romano pagaba a sus soldados con Sal, ésta era muy valiosa en esos tiempos; Luego en Grecia se les pagaba con clavos de hierro, al parecer éstos eran también de gran valor entonces.

Hoy en nuestros tiempos, existen el Comercio Interno o doméstico que se produce con el intercambio de productos y servicios dentro de un país. Existe también el Comercio Externo que ocurre con el mismo intercambio de productos y servicios entre un país y otro.

Más tarde se inventó y se introdujo el **Dinero.** Muchos peritos en éste punto dan una fecha mientras que otros dan otra; Para nuestros estudios, la fecha exacta no es de importancia.

Al ocurrir éste cambio en el comercio, introduciendo el Dinero como el principal componente, reemplazando el intercambio de productos por productos o servicios; Éste cambio facilitó inmensamente el comercio e hizo también más fácil conservar o guardar dinero que productos, muchos de los cuales resultan perecederos a corto plazo.

DINERO. La introducción del Dinero al campo del comercio y las economías de los pueblos y paises, marcó una nueva era y se convirtió en el vehiculo más importante y preferido del mundo para el comercio.

Tomaremos ahora unos segundos para presentar nuestra propia definición del Dinero.

"Dinero es el vehículo más importante en el comercio y transacciones, tanto personales como nacionales y mundiales. "

El dinero tiene diferente nombres en diferentes paises del mundo, como: Dólar, Peso, Real, Yuan, Euro, Yen, Rupee, Rublo, Franco, Rupia, Bolivar, Lepida, Quetzal, Nuevo Sol, Shekel, Dinar, Krona, Forint y otros más.

El Dinero toma muchas diferentes formas, las más conocidas y más usadas son: La Moneda, los billetes, los cheques, giros y depósitos de banco, Contratos de pago, Bonos del ahorro, y últimamente los depósitos y transferencias electrónicas y retiros de cajeros electronicos y muchas otras que no mencionamos y más aún no identificadas.

El valor nominal del dinero no cambia, sólo productos y servicios cambian de valor.

El dinero no sube de valor por que éste se escacea o porque cuesta más producirlo o porque su demanda crece demasiado, como sucede con los Sevicios y Productos que aumentan de valor por escacés o por aumento de costo de producción o por demanda excesiva; El dinero en cambio, mantiene su valor básico, es decir un Peso vale siempre cien centavos, y etc.

Hay sin embargo ciertas excepciones a ésta regla, y entre ellas se conoce el cambio de valor del dinero con respecto a otras monedas de otros paises, éstas cambian de valor por decisión de los gobiernos, aumentando o disminuyendo dicho valor según séa conveniente para el intercambio o mercado foráneo Mundial.

En el mercado mundial, gobiernos pueden bajar el valor de su moneda con respecto a monedas de otros paises para atraer el mercado internacional por sus productos, o bien, pueden aumentar su valor con el propósito de adquirir mayor cantidad de productos de otros paises. **Ésta estrategia debemos recordarla muy bien,** para luego hacer nuestras propias deducciones y decisiones basados en ella.

En el panorama interno de cada país puede incrementarse el poder adquisitivo de la moneda por decreto gubernamental doblando o triplicando o multiplicando su poder adquisitivo.

Ahora bien: Con la **introduccón del Dinero**, todas las transacciones se expeditaron y de paso se hizo fácil traer con uno mismo una cantidad grande de dinero, a diferencia de traer una cantidad igual de productos, que resultaría muy pesado cargarlos por largo tiempo. El dinero pues, vino a facilitar el comercio en todos los planos, acelerando con ello las economías en forma muy notable y agilizando las transacciones favorablemente.

Sin embargo, el dinero no **era fácil** de obtenerse en sus primeros tiempos, y aún permanece escaso para muchos millones de habitantes en nuestro planeta. En nuestros estudios encontrarémos soluciones para éste gran problema.

Más aún: El dinero trajo consigo un beneficio nato o natural, que ocurre automáticamente cada vez que cámbia de manos, séa al pagar por productos o por servicios y aún cuando se entrega como regalo.

Éste beneficio es, el de producir empleos una y otra vez y se repite cientos de veces. Al introducirse el dinero en el comercio, nunca se esperó obtener éste gran beneficio, que se repite por años y años y parece no tener fin. A éste beneficio le llamarémos aquí: **Constante Económica.**

Cuando una persona o todas las personas en éste planeta, trabajan y reciben su pago, generalmente acuden a los comercios o lugares de servicios para adquirir o comprar comestibles, ropa, calzado o cualquier tipo de servicio, y pagan con el dinero de su trabajo, éste dinero yá produjo sus propios empleos, y seguidamente produce los empleos de las personas trabajando en dichos comercios, siendo éstos la segunda generación de empleos con el mismo dinero.

Después cuando el comerciante paga a sus proveedores, éstos pagan a sus empleados quienes son yá la tercera generación de empleos con el dinero inicial, y cuando éstos empleados usan su dinero en otros comercios, allí tambien sucede lo mismo, pues el dinero inicial vuelve a producir los empleos de los trabajadores de éstos comercios creando así la cuarta generación de empleos con el dinero original, y éste beneficio no termina aquí, sino que cuando los proveedores pagan a los productores y éstos pagan a sus empleados, se produce la quinta generación, y luego cuando los productores pagan a sus propios proveedores sucede lo mismo, es decir, nuevos empleos son creados.

Éste intercambio de dinero y su incesante creación de nuevos empleos, se repite una y otra vez y otra vez sin fin, como las olas del mar que surgen y vuelven a surgir mil y millones de veces por el empuje de la misma agua.

A ésta contínua e incansable producción de empleos es lo que aquí y ahora llamarémos: **Constante Económica o Constante Creación de Empleos.**

Mantener o aumentar el nivel de ésta constante, es aumentar o acelerar la economía, <u>ésta acelera o desacelera</u> en relacion absoluta a la cantidad de la inversión monetaria en el movimiento comercial o económico. Ésta constante es la cantidad de empleos que se generan en relación a dichas inversiones de dinero o capital por los **gobiernos** Federales o centrales **o-ri-gi-nal-men-te,** y luego por las empresas privadas y finalmente por el comercio de los **mismos ciudadanos,** dicha Constante mejora o crece en relación directa a todas éstas inversiones.

Cuanto más grande la cantidad de dinero cambiando manos por la ciudadanía, más aumenta el comercio en general, acelera la economía y la constante económica, y mejora y mantiene un más elevado nivel de vida del ciudadano en general y el nivel económico total nacional.

Dinero que los gobiernos Federales usan para su propio funcionamiento o para servicios públicos como Salud, Educación, Seguridad y otros similares, producen la misma constante económica que sigue una y otra vez produciendo empleos y alimentando familias y pueblos.

Dinero que es empleado en construcción de carreteras, Escuelas, Hospitales o cualquier otra estructura para uso Industrial, Comercial o Público, es dinero que no sólo produce empleos una y otra vez, sino que también enriquece y aumenta la popiedad nacional, que significa una ventaja adicional más permanente.

Cuanto más se aumente la inversión en estructuras o infra estructura, mayor la riqueza nacional y mayor la cantidad de empleos, o séa, más amplia la constante económica, la cual como ya sabemos, sigue produciendo empleos cada vez que el dinero invertido cambia de manos en comercio.

Cuando decimos: <u>Inversión en servicios públicos o estructuras,</u> lo decimos con absoluto conocimiento, pues cualquier inversión de capital o monetaria con la cual se producen empleos que entran luego en el comercio y la economía, y que sigue produciendo empleos una y otra vez en la constante económica, **No son gastos públicos,** pues no es dinero o capital que se pierde y nunca se vuelve a ver, sino que es un capital que sigue existiendo y produciendo empleos, año tras año por cientos de años. Por tanto pues, **No existe** tal cosa como **el Gasto Público,** sólo **existe la inversión pública.**

Ésta forma de explicar y considerar las inversiones públicas, quizá no se permita en círculos de finanzas o en libros de contabilidad en economías de una nación, pues sólo existen reglas que rigen las cuentas personales o empresariales, pero no existen reglas o nombres bajo los cuales se puedan incluir inversiones **que siguen produciendo empleos año tras año,** aún cuando nosotros sabemos que las inversiones iniciales seguirán produciéndolos por cientos de años y quizá sin fin.

Las personas, lo mismo que las empresas privadas se desenvuelven conforme a sus propios capitales, que son <u>limitados,</u> si éste capital no se renueva por medio del trabajo personal o del aumento de producción en las empresas o bién por medio de transacciones comerciales que resulten en ganacias, éstos <u>desaparecen.</u>

Si a un individuo se le termina el dinero y no tiene cómo obtener más, la pobreza y necesidad se apoderan de él y su familia.

Si un negocio en la Iniciativa privada, no obtiene ganacias y trabaja con pérdidas constantemente, su capital se va reduciendo hasta terminársele, aquí también la pobreza se apodera de éste negocio y el dueño o dueños se ven obligados a desistir en su empresa. En éstos dos ejemplos que son reales y que suceden miles de veces en la vida real, vemos los resultados de tener acceso a capitales limitados únicamente.

En contraste, los gobiernos Federales tienen acceso **ilimitado** al capital, cualquier cantidad que séa necesaria para llevar a cabo sus proyectos, pues éste se crea y se renueva gracias a la existencia de los ciudadanos y del producto de su trabajo y su contribución a la economía, y gracias al comercio y las empresas de Industrias que producen millones de empleos y que forman parte principal en las economías, y la mantienen vibrante, ellos todos, **Son la maquinaria Económica** del pais y ellos todos dan la autoridad al gobierno Federal, para producir el dinero.

Los gobiernos Centrales o Federales no cierran sus puertas por falta de capital o dinero, pues tienen la autoridad concedida por la nación por medio de sus representantes en los Congresos y Senados, para crear el capital necesario para su funcionamiento y para continuar los proyectos de trabajo en beneficio de la misma nación, **Éstos Gobiernos son los que**

inicialmente alimentan las economías con la contínua infusión de dinero, y mientras mantienen un influjo sostenido en las economías nacionales, éstas continúan saludables y benéficas.

Como las olas del mar que surgen una y un millon de veces pero que necesitan del constante influjo de miles y miles de rios para mantener la misma fuerza y constancia.

Muchos son los beneficios que se obtienen con las inversiones de los gobiernos Federales, éstas producen empleos al momento y yá integradas a la economía siguen produciendo nuevos empleos cada mes y cada año por muchos años, y no sólo empleos en la forma fría del sistema contable, sino que visto en la forma humana, éstas inversiones de dinero por los gobiernos en las economías de sus naciones, le sirven al ciudadano para sostener a su familia, con su sueldo, sus hijos comen y se visten y crecen para luego formar sus propias familias, éste crecimiento es una ganancia añadida y es enorme y no es anotada como tal, sino que cada diez años entra como crecimiento demográfico, nada más.

Lo mismo sucede con la enorme ganancia de empleos en la **constante económica,** cuyos beneficios de repetida generación de nuevos empleos, no son registrados en las columnas de entrada en sus contabilidades.

Nosotros sí lo reconocemos y sabemos de éste gran beneficio que <u>duplica</u> muchas veces <u>la fuerza</u> productora y forja al país al momento y en el futuro, y ésto, tiene un valor muy real.

Una de las grandes inversiones que los gobiernos Federales hacen y que de pronto no parecen muy palpables, son los llamados gastos en la <u>seguridad nacional.</u> Ésta no registra producción o recuperación y se considera un gasto que no se recupera y desaparece; Nos referimos a los ejercitos nacionales.

Sin embargo ya todos nosotros sabemos que no son gastos, <u>sino inversiones</u> que producirán empleos una y otra vez, y que ayudarán en el crecimiento económico nacional y el mejoramiento personal económico de los ciudadanos, y en los últimos años los ejércitos trabajan incansablemente <u>combatiendo el crimen</u> de las drogas y ayudando en la protección del ciudadano en caso de catástrofes.

<u>EMPLEOS.</u> - Como ya lo hemos dicho más de una vez, los empleos y el dinero son partes muy importantes en las economías nacionales. Empleos se producen en relación directa a la cantidad de dinero o capital que los gobiernos Federales y la empresa privada invierten y también en el comercio que los ciudadanos mismos crean al gastar sus sueldos.

<u>FORMACIÓN DE CAPITALES.</u> Éste es un punto también importante en todas las economías. Hay capitales pequeños como aquellos que una persona en particular pudo formar o ahorrar y que luego lo invierte en algún negocio

pequeño, con la ambición de hacerlo crecer en el futuro, el que le pagará por su trabajo como un empleo bien remunerado, pero con el riezgo de fracazar. O bien, como en el caso del ciudadano que <u>guardó</u> su dinero por años y lo depositó en los bancos como ahorro, el que le rendiría un interés.

En los dos casos, el capital invertido por una persona y el capital ahorrado por la otra, los <u>dos producen</u> empleos, el primero creó su propio empleo y el segundo, aun cuando el dinero lo depositó en el banco, cuando el mismo banco lo presta a otra persona o empresa, éstas producirán empleos cuando lo inviertan en negocios o proyectos o compras de productos, y en los dos casos ése dinero seguirá produciendo empleos **muchas veces** más en el futuro.

Grandes capitales pueden crearse por personas o conjuntos de personas para formar empresas que requieren la inversión de cantidades grandes de dinero, como: Industrias, Comercio, minería, Agricultura, y muchas otras.

Gobiernos Federales de <u>paises ricos,</u> ofrecen ayudas monetarias a sus ciudadanos en lo personal lo mismo que a empresas formadas o por formarse, que deséen **empezar o continuar** un negocio o proyecto, cualquiera que éste séa.

Ofrecen también toda clase de subsidios en todas las ramas de la producción; A mente viene el subsidio que Estados Unidos entrega a decenas de miles de agricultores quienes reciben un sueldo anual garantizado de hasta $80,000 dólares, mas subsidios de un cierto porcentage en la compra de maquinaria y equipo nuevo para su trabajo, y también subsidios y ayudas a otras ramas de la industria y del comercio quienes los reciben anualmente.

No es vergonzoso copiar ésta práctica de paises ricos, sino recomendable.

Para crear y mantener una economía fuerte, es necesario crear capitales, muchos y fuertes. De los gobiernos es la tarea de hacer accesible el capital a empresarios grandes y pequeños, no importa qué tan pequeño séa, y entre éstos califica el más pequeño de los más pequeños. Grandes Industrias o micro-industrias, pues todos son ciudadanos de su país y merecen ayuda en todas formas al igual que una super empresa.

Paises que deséen progresar, pueden establecer oficinas en cada ciudad con el propósito de asistir al ciudadano con necesidades personales, como el que necesita ayuda para adquirir alimentos o para reparar su vivienda o bien para el individuo que quiere dedicarse al arte o a la industria o comercio, éstas oficinas ofrecerían ayudas en forma de capital lo mismo que **asistencia técnica** y facilidades para establecer el negocio o industria a la que se quieran dedicar, tambien ofrecerán ayuda a aquellos comerciantes o industriales que se encuentren con problemas financieros, éstas oficinas pueden llamarse: **Oficinas para la asistencia pública".**

Ésta práctica rendirá al país no sólo en empleos y crecimiento económico por muchos años, sino que dará a sus empresarios y ciudadanos una ayuda que agradecerán, (cosa poco vista), especialmente los empresarios más pequeños y el ciudadano más necesitado y el más emprendedor.

Existe otra forma de obtener capital sin necesidad de pagarlo, ésta es mediante la formación de Corporaciones.

En ciertos paises se permite que personas individualmente, se constituyan en **Corporación,** mientras que en otros, sólo negocios establecidos o un conjunto de empresarios o empresas son permitidos formar corporaciones.

Cuando una Corporación está constituida, ésta puede ofrecer al público acciones las cuales dan al comprador, propiedad parcial de la Corporación, en relación directa a la cantidad de acciones obtenidas. Una vez vendidas las acciones autorizadas, las Corporaciones obtienen el capital para trabajar. Éste capital no es necesario pagarlo después o nunca, puesto que no se obtuvo en préstamo, sino que cada inversionista que compró acciones se convirtió en **co-dueño** de la Corporación.

Existen reglas que los aplicantes a formar una corporación deben cumplir ántes de que su formación séa aceptada y aprobada. Corporaciones están sujetas a leyes fiscales del pais y del Estado donde se forman.

Corporaciónes son convenientes para obtener capital que no tiene qué pagarse.

En el campo personal o individual, los paises ricos ofrecen cientos o quizá **miles de programas de ayuda**

económica, a los que cualquier ciudadano puede aplicar y recibirla, séa para estudiar o para escribir un libro o para dedicarse a algún arte, la lista de éstas ayudas es interminable al grado que existe la ayuda para el alojamiento y el alimento diario para las personas, séan éstas capáz de trabajar o nó, con el sólo requisito de que exista la necesidad temporal o permanente. **Éstas ayudas son reales y existen.**

Aún cuando al entregarse ésta ayuda es a cambio de nada, sin embargo al ser usada por la persona, ésta produce empleos invariablemente, pues el consumo de productos o servicios, necesita de otras personas que los produzcan.

Programas como éstos y subsidios de los que hablamos anteriormente, deben ser considerados muy seriamente por todos los paises, pues no sólo remedian una necesidad o ayudan al empresario o emprendedor, sino que de paso producen empleos por mucho tiempo, convirtiéndose invariablemente en doble beneficio para la nación; Se remedia una necesidad o se facilita el avance intelectual o material del ciudadano, y se aumenta la demanda de productos cosa que incrementa la producción y con ello los empleos.

INICIATIVA PRIVADA. Ésta se refiere a personas individualmente o en conjunto sin lazos con los gobiernos, que establecen algún tipo de negocio o industria o comercio.

Se les suele llamar: Negociantes, Empresarios, Corporaciones, Conglomerados, Cooperativas y quizá otros nombres que nosotros no sabemos. Su actividad es dedicarse a la producción, al comercio o la Industria, y el total de todos ellos constituyen **La iniciativa privada.**

La Iniciativa privada mantiene las economías nacionales en marcha. Una iniciativa privada fuerte rinde al país un gran beneficio, pues éste sector es el que produce más empleos, acelera el comercio y la economía, mejora el nivel de vida del ciudadano y produce mayor <u>riqueza nacional.</u>

Ésto **<u>no es ningún secreto</u>** para nadie, pero muchas veces tendemos a olvidarlo, y el mencionarlo aquí es para su reconocimiento y para que esté en sus miras cuando se trate de encontrar formas de <u>acelerar</u> las economías de sus pueblos; Éstos empresarios son sus mejores vehiculos para crecer sus propios negocios y para crear nuevas copias de ellos en otras partes del mundo, ellos tienen la **experiencia** y la energía para hacerlo. Pidan su consejo.

Hemos observado y ustedes todos lo pueden también verificar, que la iniciativa privada de paises ricos compra y se convierte en <u>dueño</u> en paises pobres, de derechos totales muchas veces incluyendo el terreno de los recursos naturales no renovables y tambien de servicios de telefonía y de internet y otros que de pronto no recordamos. Entonces pues, si la iniciativa privada de paises ricos adquiere todas éstas industrias y riquezas en dichos paises, **no vemos porqué** la iniciativa privada de paises pobres no puede hacer lo mismo en paises ricos igualmente. Creémos que ésto es no solo justo sino conveniente para aumentar su riqueza nacional foránea, en la misma forma que paises ricos lo hacen, y si es necesario, ayudar a la iniciativa privada del país pobre por medio de financiamientos por parte de sus gobiernos, ésto sería un acto positivo a su favor.

Considerémos ahora los beneficios que los **impuestos gravados** por los gobiernos sobre productos o servicios rinden a la nación y a los mismos gobiernos, séa de las ciudades, Estados y al país.

Éstos impuestos, producen empleos una y otra vez cuando son usados por los mismos gobiernos para su funcionamiento, en el pago de todos sus empleados, luego en **servicios** para su mismo pueblo dentro de las ciudades, como pago para la **protección** de los ciudadanos, para la limpieza de sus calles, parques, playas, alumbrado público, y muchos otros servicios por los que el ciudadano no tiene qué pagar directamente.

Éstos impuestos mantienen una gran cantidad de empleados en las ciudades, los Estados y en el país, éstos impuestos invertidos nuevamente por los gobiernos es un **reciclado** del mismo dinero que los gobiernos Centrales invirtieron inicialmente quizá muchos años atrás, que regresa a producir empleos nuevamente en nuestra constante económica.

Sin embargo, es siempre aconsejable vigilar que dichos impuestos no dañen al ciudadano más pobre y es preferible **excluirlos** totalmente de impuestos.

Paises ricos donde la mayoría de los ciudadanos tienen sus sueldos altos, éstos pueden contribuir con sus impuestos en la economía en una forma menos onerosa.

Ahora bien: Podría el gobierno de un país, crear las condiciones donde el desempleo fuera mínimo y que sus ciudadanos gozaran de un sueldo/salario que les permitiera

vivir <u>confortablemente</u> consumiendo los productos de su propio país?. **<u>Ésto es absolutamente posible,</u>** continúa escuchando o leyendo nuestras propuestas y estudios hasta el final.

Sin embargo, la constante renovación de los productos y nuestro contínuo deseo de mejorar, <u>extiende</u> indefinidamente éste deseo de superación, lo cual es algo **<u>muy común y natural</u>** en todo el mundo.

Cuando pensamos que todo lo que necesitamos para vivir confortablemente, es el tener una choza y un cuarto dónde descansar y protegernos de los rigores del tiempo, luego **<u>nuevos</u> <u>productos</u>** y nuevas y más confortable formas de vivir y de cuidar nuestra salud, son presentadas al mundo para servirse de ellas; Al darnos cuenta que éstas existen, nosotros también <u>queremos tenerlas</u> para beneficio propio y de nuestra familia, siendo éste un deseo muy noble y la ambición igualmente válida.

Entonces, la pequeña choza con uno o dos cuartos pequeños con pisos de tierra o concreto rústicamente terminado, **<u>yá no es</u>** nuestro gran y último deseo, sino que una vez que vemos una vivienda con pisos de cerámica o alfombra y con techos, no de palma o carrizo o de cartón, sino de teja roja y cochera para dos automóbiles, con servicio eléctrico y servicio de agua potable dentro de la misma vivienda, inodoros con descarga a base de agua, con servicio de agua caliente, calefacción para el invierno y refrigeración durante el verano.

Nuestros nuevos requerimientos y deseos para vivir una vida confortable, cámbia totalmente, pues al ver éstos adelantos nuevos, nosotros tambien queremos tener lo mismo, lo más nuevo en vivienda, lo más nuevo en transportación, lo más nuevo en medicina y todo aquello que representa **una mejoría** en la vida personal.

Ahora bien, si éstos adelantos no son producidos en el pais donde vivimos, resulta entonces difícil obtenerlos y la falta de éllos, presenta al país como un país **pobre y atrasado** en comparación a paises ricos.

Para que un país pobre pueda traer éstos productos de los paises ricos que los producen, tendría que pagar por éllos con la moneda del país productor, pues por regla general, **los paises ricos no aceptan** la moneda de los paises pobres.

Entonces pues, importar nuevos productos de paises ricos resulta dificil para paises pobres, aún cuando en ciertas ocasiones ciertos incentivos son ofrecidos para que paises pobres les compren sus productos modernos, éstos incentivos pueden ser créditos o intercambios, donde el país pobre ofrece vender sus productos para obtener la moneda de los paises ricos para luego ir a comprar de ellos los productos que ofrecen, ésta última forma, es un poco difícil, pues el país rico no necesita de casi ningún producto, excepto petróleo en éstos tiempos.

Si ellos aceptan comprar algún producto que yá producen lo hacen sólo para luego poder vender sus productos recibiendo la misma moneda que entregaron primero, <u>pero para ésto ponen</u> muchas veces **a cientos y miles de sus productores,** generalmente agrícolas en su país, **bajo subsidios** para que nó cultiven ese producto.

Éstas son lo que llamamos: **Tácticas Comerciales.**

En nuestros estudios aprenderémos a vencer éste y todos los obstáculos para que los paises pobres prosperen y téngan a su alcance todos los productos que necesiten y que deséen, sin sacrificar o sin necesitar divisas o moneda extranjera. **Garantizado.**

En nuestro hemisferio y quizá en el mundo entero, el país que produce la mayor parte de los productos modernos es Estados Unidos de Norte América y por lo general **sólo acepta dólares** en pago por sus ventas, entonces, para poder comprar sus productos es necesario tener dólares, y para tener dólares es necesario hacer uno de los dos procedimientos indicados anteriormente, es decir: comprar los productos <u>a crédito</u> con un interés gravado al total de la compra, o bien iniciar un <u>intercambio</u> comercial donde el país pobre vende a Estados Unidos primero y es pagado en dólares, los que luego puede usar para adquirir de ellos las cosas o productos que necesita o que desea.

El obtener productos o servicios de ellos a crédito ha probado ser muy <u>gravoso,</u> destructivo y <u>disruptivo</u> para las economías de paises pobres, Se ha comprobado yá en algunos paises, los que se han visto al borde de la ruina por décadas sin poder ver el final de sus deudas foráneas.

Sería posible en un futuro, poder obtener todos éstos productos nuevos, sin la necesidad de pagar con moneda del país rico?.

Ésto ya lo dijimos hace un momento pero aquí lo reiteramos: **Sí es posible,** aunque tomará tiempo, pero es muy posible,

Absolutamente posible. Un capítulo entero dedicamos a éste tema un poco más adelante.

Hasta aquí hemos aprendido a ver el funcionamiento de las economías en una forma muy estricta y objetiva, es decir: cuando todo mundo vé el movimiento diario en las ciudades como sólo el ir y venir de camiones y autos y de gente dirigiéndose a su trabajo o al mercado y vé luego a los niños ir a sus escuelas, nosotros, aunque vemos también lo mismo y nos alegrámos de la energia que existe en nuestros pueblos y <u>nos sentimos orgullosos.</u>

Sin embargo podemos concluir que todo eso que dá vida y movimiento es el resultado de las continuas y <u>fuertes</u>

infusiones de capital en la economía del país por parte de los gobiernos inicialmente y luego por las empresas privadas, pues si tales infusiones de capital en proyectos de beneficio general fueran muy pequeñas, no existiría ese gran movimiento y energía, que gracias a ellas producen empleos inicialmente y siguen produciendo más y más, y dan a sus ciudadanos la forma de sostener a sus familias y enviar a sus niños a las Escuelas y les dá suficiente para proveer de techo, vestido y

alimentos para todos ellos, y dá luego a los comercios y a los productores suficientes ganancias para pagar sus empleados y sus productos y el resultado es, **ése gran movimiento** que todos vemos en las ciudades y en el país, y que nos causa orgullo y alegria.

Aprendimos también que los gastos de los gobiernos, **no son** realmente **gastos** sino **inversiones** que pagan produciendo empleos una y mil veces gracias a la constante económica.

Aprendimos igualmente, que es necesario continuar alimentando las economías con nuevas infusiones de capital o dinero para mantener el nivel de aceleramiento deseado en la economía, teniendo en cuenta el crecimiento demográfico anual, mismo que se incorpora a las filas del mercado de los empleos, donde éstos nuevos ciudadanos requieren de un empleo para sobrevivir y formar luego sus familias, y los gobiernos pueden producirlos aumentando las inversiones y subsidios en todas las ramas de producción y de servicios, con ésto podrán ayudar a sus ciudadanos, quienes luego producirán una mayor demanda de productos creando con ello nuevos empleos, mismos que ayudarán fortaleciendo y acelerando la economía en general.

Sin embargo, una infusión de capital desmedida y exagerada, **sin tener un propósito definido** de su inversión, puede crear condiciones inflacionarias no muy favorables.

En nuestro juicio y como primer paso, es recomendable preparar y presentar presupuestos que incluyan **resolver** seriamente al menos parte de todas **las necesidades** de cada pueblo y región del país, describiendo un plan completo y presentando proyectos bien definidos que beneficien a cada región no sólo con la inversón inicial sino continuando el financiamiento a largo plazo, protegiendo y consolidando ésos proyectos por muchos años hasta su maduréz.

Cuáles son éstos?, pueden ser proyectos Industriales, como agrícultura, minería, pesca, manufactura, Turísticos, la vivienda, carreteras, estructuras públicas, centros de investigación y sus derivados en el campo comercial que son los que enriquecen al país y a la nación con sus empleos. y aquellos que ustedes mismos encuentren en su país y que puedan ser **copiados** en muchas otras ciudades o pueblos.

Éstos presupuestos no serán exagerados aun cuando séan dos o tres veces mas grandes que el anterior, pues estámos seguros que sólo producirán más empleos y enriquecerán al país y a sus ciudadanos. El llevar a cabo todos éstos proyectos, nosotros le llamámos: **La Puerta hacia el progreso y la prosperidad.** - Sigan escuchando o leyendo.

Presupuestos como éstos y aumentados cada año hasta obtener los resultados deseados, es definitivamente recomendable, pues es la mejor forma de mantener el aceleramiento deseado en la economía y asegura a largo plazo el beneficio general para la nación y el país.

Recomendamos también incluir en los presupuestos, los subsidios a las industrias mencionadas anteriormente para que aumenten su capacidad y se dupliquen o que ayuden a duplicarlas en otra región del país.

Igualmente, subsidios a nuevas indusrtrias o nuevas plantas industriales y el aumento de la inversión en construcción de carreteras y edificios para el servicio público, y muy especialmente en el programa de la **construcción y reconstrucción** de la vivienda y finalmente invertir en el programa **" Alianza para el Progreso "** que les presentarémos al final de éstos estudios.

Éste programa incluye proyectos que **terminarán** con la pobreza en los paises y los **transformará** en paises ricos y envidiados, y ésto demandará del compromiso más serio que cualquier país haya tenido en su historia y en las decisiónes de progresar en forma definitiva, lo cual requerirá de fuertes inversiones de capital anualmente.

Pero Antes de entrar a ése tema considerémos un poco más los beneficios que la introducción del dinero trajo a las economías de las Naciones y Paises, si sus gobernantes aprenden cómo usarlas conforme a nuestros estudios .

El dinero en su uso correcto, es una fuerza Poderosa en manos de los Gobiernos para ayudar al ciudadano y a la Nación completa y al país, que al usarlo impulsa las Economías y trae prosperidad y que puede traer también el Progreso. Nuevamente: Ésta fuerza es inigualable en todo el Saber del Mundo, pues no se encuentra en el mundo entero ni en todo el Universo una fuerza tan grande y tan inmensa que con su uso, pueda producir Prosperidad y principalmente Progreso; Y éste no es sólo un poder Grandioso y un Poder Inmenso, Sino que es un poder INEXAUSTIBLE, INTERMINABLE e INAGOTABLE; El único requerimiento es que el Ciudadano exista y produzca, y que tenga un gobierno con gobernantes familiarizados con todos éstos conocimientos que aquí les ofrecemos y que decidan aplicarlos agresivamente a favor y para el beneficio de sus ciudadanos o Nación y para el País.

Todo éstos conocimientos que aquí les revelamos son INDUDABLEMENTE Y ABSOLUTAMENTE PROBABLES Y COMPROBABLES, con el sólo hecho de usarlos.

Ahora bien: Teniendo ustedes conocimiento de éste gran Secreto a la vista y enteramente Público, y lo usan en los Proyectos y Propuestas que aquí se les ofrece; Es absolutamente seguro que pueden obtener una Prosperidad y un Progreso Cierto y Duradero.

Teniendo en cuenta que para los gobiernos el dinero se crea o se obtiene completamente gratis o sin costo alguno, podemos entonces declarar en una sóla frase que: **El dinero es el vehiculo y la fuerza más grande que existe y que está en manos de los gobiernos para mejorar sus economías y enriquecer a sus ciudadanos. Su fuerza es tan enorme que éste Compra y Vende todas las Industrias existentes en éste mundo y todos los productos que existen ahora y los que vendrán en un futuro, sin fin. En manos de los Gobiernos está el tomar ventaja de él al máximo para beneficio, prosperidad y progreso de sus ciudadanos y de su país.**

Cabe decir una vez más: Que el dinero es el vehiculo más importante en las economías y el comercio, para comprar y vender y quizá más importante: **PARA PROGRESAR.**

Estamos conscientes de que existen ciertos tratados por los que algunos paises no deben exportar productos subsidiados, pero no afecta cuando se trata de productos para uso propio o para exportar a paises pobres que no objetan a obtenerlos dada su necesidad, y muy especialmente cuando se hace bajo las circunstancias discutidas al final de este curso.

Poner ahora mucha atención: Si estados Unidos subsidia muchos miles de productores con un sueldo bastante alto para que no produzcan y poder importar ésos productos de otros paises y le dá resultado, **Creen entonces,** que si sus gobiernos subsidiaran la misma cantidad de productores sólo para producir o aumentar la producción aunque al final éste producto no se vendiera y se usara para regalarlo al ciudadano más pobre o a otro país pobre; sería ésto un beneficio para su nación y país?. Estudien la pregunta y estoy seguro que su respuesta será afirmativa, pues la inversión en subsidiar productores para producir o aumentar su producción, aumenta los empleos y ese mismo capital sigue produciendo después más y más empleos acelerando la economía de cualquier país.

Retrocedemos un momento para expresar el siguiente pensamiento: En la Antigüedad, los gobiernos gravaban y cobraban impuestos a sus ciudadanos en forma de productos para cubrir todos sus gastos. Cuando se introdujo el uso del dinero, éste no sólo reemplazó a los productos sino que hizo **innecesaria** la colección o el gravamen de impuestos por parte de los gobiernos Centrales o Federales, por la simple razón de que éstos gobiernos están **autorizados para producir** todo el dinero necesario para cubrir sus gastos y todos los proyectos **a favor de la Nación,** sin límite, sólo con la aprobación de los congresos y senados.

En cambio, los gobiernos Estatales y de ciudades y pueblos, sí necesitan de los impuestos para su funcionamiento y para poder dar los servicios públicos, como alumbrado, limpieza de calles y colección de basuras y seguridad y otros más sin tener el ciudadano que pagar por ellos directamente, como yá dijimos anteriormente.

Antes de entrar al tema de la <u>Inflación</u>, que no es muy divertido pero sí muy importante estudiarlo y conocerlo; Quiero continuar con el tema de los llamados trabjadores **" llegales "** aquí en Estados Unidos del Norte, tema que empecé en la cubierta posterior de éste libro.

Son pues, más de 12 millones de latinos quienes enviaron a sus familias que quedáron atrás, en exceso de <u>13 mil millones </u>de dólares durante el año 2,006, cantidad que ciertamente ayudó a sus familias y a su nación o país en general, pues esos dólares le sirvieron a otros empresarios para pagar por productos que ellos compraron de Estados Unidos, siendo éste un segundo beneficio para los paises latinos.

Pero los beneficios producidos por éstos trabajadores llamados <u>ilegales, son aún más.</u> Con su trabajo, ellos yá construyeron miles y <u>millones de viviendas</u> para el <u>beneficio de ciudadanos</u> de Estados Unidos, luego han ayudado en la construcción de carreteras y caminos y han creado y <u>construido millones de jardines</u> con sistema de riego automático y todo ésto lo siguen cuidando y manteniendo limpio y hermoso, para que todas éstas <u>ciudades y caminos y jardines y calles se véan siempre bellos y limpios para beneficio y deleite de todos en</u> éste país.

Otros contribuyen trabajando en los hoteles, restaurantes, y cientos de otros negocios con lo que mantienen la economía de éste país en crecimiento y en marcha saludable.

Éstos no son todos los beneficios que los llamados trabajadores " ilegales" dan a sus propios paises y a éste gran país donde trabajan, **sino** que cuando todos aquellos miles de millones de dólares que enviaron a sus pueblos, regresan a Estados Unidos en la compra de productos, con ello producen una enorme cantidad de empleos para muchos millones de trabajadores Americanos.

Ahora bien, si los llamados ilegales pudieron enviar 13 mil millones de dólares a sus paises, ésto indica que al menos el doble de ésa cantidad o bien 26 mil millones de dólares usaron ellos para subsistir en Estados unidos, y quizá mucho más, entonces pués: Éstos **26 mil millones** que usaron para subsitir, produjeron sin duda hasta **170 millones** de dias de empleos, usando la cifra de $150 dólares como pago diario para el trabajador Americano.

Todos éstos empleos son un beneficio extra o de ventaja doble para Estados Unidos, gracias a los llamados **trabajadores ilegales.**

Sumando ahora, todos éstos millones de empleos con los producidos cuando los 13 mil millones de dólares regresaron a Estados Unidos a cambio de sus productos, que son **85 millones** de dias de empleos, el total de las dos cifras nos dan **255 millones de dias de empleos** durante el año 2,006, para trabajadores Americanos, generados con el trabajo muchas veces arduo y bajo temperaturas que ni los mismos Americanos están dispuestos a tolerar.

Considerando luego la generación de empleos producida por la Constante económica, ésta cantidad de empleos se multiplica en los años siguientes.

Pregunto entonces: Será ésto **ventaja doble y triple** para los Estados Unidos?. Absolutamente, **Sí lo es**, y proviene de aquellos que más desprecian y que quieren criminalizar por hacerles este gran favor. ésta es la realidad, que para mí es **INJUSTA.**

Un dato actual que ocupa la atención del condado de Maricopa y especialmente en la ciudad de Phoenix Arizona donde se encuentra la cede de la Policia de este condado, el que se puede comparar a un distrito en México.

 El Jefe de los Sherifs, se ha pronunciado en contra de los trabajadores Latinos llamados "ilegales" y ha aprehendido a muchos que entran o cruzan la linea de éste condado. Al parecer él considera que el condado de Maricopa es un país soberano con sus propias leyes de Migración.

No se ha sabido que aprehenda personas indocumentadas de paises Europeos o de la raza blanca.

Afortunadamente los jueces o las Cortes civiles, le han rechazado sus acusaciones y descalificado sus intentos de criminalizar la entrada de los trabajadores indocumentados al condado de Maricopa.

Pero cuando uno de los razonamientos que usa para aprehender indocumentados no le dá resultado, enseguida busca otro y si éste también le falla, él busca otro diferente, al grado que ha declarado prohibidas las visitas a los encarcelados, por parientes o amigos sin documentos de entrada legal; Su gobierno en éste país de Maricopa sería considerado totalitario y tirano por su trato inhumano a los seres de paises latinos.

Dá la impresión que actúa como dueño absoluto, o como congreso y senado de lo que piensa es su país de Maricopa. Su tenacidad de querer convertir a trabajadores honestos en criminales, dá la impression que estuviéramos viviendo épocas pasadas cuando ciertas autoridades de California ofrecian $10 dólares por cada cabellera de los indios nativos que cualquier nuevo poblador les entregara. Tan grande era su odio y tan poco su respeto por la vida de los verdaderos dueños de tierras que venian a arrebatarles.

Los Israelitas también sufrieron por cientos de años en la esclavitud sin recompensa, sin consideración y sin reconocimiento alguno, hasta que Moises logró convencer a su medio hermano quien era el entonces Faraón, de dejarlos libres y permitir su salida de Egipto, y lo consiguió. Estos mismos Israelitas o Judíos como también son llamados por su Religión Judía, fueron perseguidos y sacrificados por Adolfo Hitler.

En una de mis pesadillas soñaba que El Sr. Arpaio me perseguía y al voltear a verlo, le veía con su pelo partido en el lado derecho y peinado hacia la izquierda, con un pequeño vigote al centro y bajo de su nariz igual que el de Hitler, semejándosele tremendamente. Por suerte luego despertaba y me daba cuenta que era solo un sueño o pesadilla.

La determinación de Hitler de perseguir a los Judíos, es semejante a la determinación del Sherif Arpaio de perseguir a aquellos que vienen a trabajar a Estados Unidos sin documentos de entrada y muy especialmente aquellos de origen Latino, Él considera que su crimen es muy grande, pero nosotros sabemos que el castigo es sólo enviarlos de regreso a su país.

Es mi propia opinión que los servidores civiles no están autorizados ni son requeridos para aplicar las leyes o reglamentos Federales, aún más, yo sinceramente creo que las leyes federales de migración para el cruce de indocumentados en busca de trabajo, no son clasificadas al nivel criminal, aún cuando el Sr. Sherif así lo crea.

Ahora me pregunto: qué cosa será necesario hacer para que éste Señor Sherif cese de perseguir a los que vienen a desempeñar trabajos, construyendo sus viviendas y edificios y embelleciendo sus ciudades y a dejarles un inmenso legado de empleos para sus mismos ciudadanos?.

La solución más fácil y equitativa sería conceder la residencia legal a todos los que han contribuido al crecimiento de sus ciudades y a la economía de ésta nación.

Es dificil pensar y aceptar que trabajadores honrados quienes han arriesgado su vida por un empleo y han dado a Estados Unidos sus mejores años de trabajo produciendo enormes cantidades de viviendas y edificios y que anualmente dejan miles de millones de horas y dias de empleos para el trabajador Americano con el pago de su propio trabajo, servicio, sacrificio y dedicación, es difícil pués pensar que séan criminales por el hecho de no tener documentos de entrada.

Son ellos personas arriesgadas y **HEROES vivientes del trabajo**, que a pesar de exponer su vida en conseguirlo, lo hacen sin miedo y con gusto con la esperanza de progresar y ayudar a sus familias, y éstos sentimientos son **sentimientos de HEROES y no de criminales**. Les debemos todos respeto y consideración y les debemos la oportunidad de concederles la admisión general al país, como residentes honrados con todos los derechos de todo ciudadano, **pues se lo han ganado.**

Malas interpretaciones a éste tema y una retórica inflamatoria proveniente de muchos ciudadanos mal informados y también de autoridades que interpretan las leyes siguiendo éstas lineas de poca consideración y apreciación para éstos trabajadores y las declaraciones públicas del Sr. Arpaio de perseguir a los indocumentados, hace que muchos otros ciudadanos sigan sus pensamientos y voten leyes que van en contra de aquellos que les han servido por años y que les han dejado un gran legado de beneficios; Ésta actitud puede crear el odio en el ciudadano Americano hacia los Latinos, que resulte luego en verdaderos crímenes cometidos en contra de latinos documentados o indocumentados.

El celo y dedicación al trabajo es una virtud por la cual muchos son recordados como **Grandes y Famosos.**

El celo mal fundado y mal entendido a su trabajo, puede llevar al individuo a ser recordado como una persona no famosa, una **persona no muy grata,** Y al Sr Sherif del condado de Maricopa, tengo el presentimiento que en todos los paises Latinos con 300 o 400 millones de habitantes, será recordado como **el no muy famoso señor sherif** del pais de Maricopa.

Cuando se evalúa la conveniencia o inconveniencia de aceptar a éstos trabajadores sin documentos como muevos residentes y futuros ciudadanos, uno debe considerar los beneficios y los perjuicios que ésta decisión puede acarrear, y nosotros encontramos sólo beneficios y ningún perjuicio, viéndolo en una forma real y verdadera.

Y ésta es mi opinion acerca del tema de los trabajadores "ilegales" y del trato que sufren. Y opino también que el trabajo que vienen a desempeñar tampoco es "ilegal".

La **enseñanza que nos deja este relato** es que su trabajo, aún cuando ellos carecen de documentos de entrada legal al país, rinde beneficios no sólo para ellos sino rinde doble y triple beneficio para los Estados Unidos.

Había un señor muy poderoso y muy rico, tenía grandes terrenos y miles y millones de edificios y viviendas, sus terrenos eran tan grandes que tenía que estar construyendo caminos constantemente y tenía tantos hijos que tenía que construir viviendas durante todo el año para ellos mismos, y les prometió que si ellos cuidaban de sus propiedades y construían sus edificios y viviendas él les pagaría por su trabajo, pero sucedió que muchos de sus hijos no se presentaron a hacer los trabajos encomendados, y viendo la oportunidad, los hijos de unos vecinos pobres se atrevieron a entrar a los terrenos de éste señor y empezaron a trabajar, construyendo y cuidando todas sus pertenencias y sirviendole a sus propios hijos en todo aquello que ellos mismos solicitaban, recibiendo el pago que el padre había prometido a sus hijos y muchas veces aceptando pagos menores.

Cuando el padre se dió cuenta, no supo qué hacer pues éstos nuevos trabajadores no eran sus hijos y habían entrado a sus propiedades sin permiso, pero habían estado haciendo el trabajo que sus propios hijos no hacían, y pensó: los echaré de mis terrenos por haber entrado sin permiso?, o los adoptaré como hijos ya que ellos sí han hecho lo que yo pedí a mis propios hijos y no lo hicieron.

Qué haría usted?.

Un segundo caso que está por resolverse en el Congreso y Senado de Estados Unidos en el cual se propone pagar beneficios a trabajadores que estuvieron en Estados Unidos por muchos años sin documentación legal de entrada o con permisos de trabajo temporal, nos enseña igualmente que cualquier cantidad que se les conceda, regresará a Estados Unidos a cambio de productos y al suceder ésto, se crearán miles y quizá millones de empleos a su favor y naturalmente los recipientes de México se habrán beneficiado también, entonces pues, el conceder hacer estos pagos, el beneficio resulta mútuo tanto para los recipientes en México como para los Estados Unidos, donde se crearán millones de empleos como acabamos de explicar hace un momento.

Estamos seguros que una vez que las naciones y gobernantes de paises pobres descubran los procedimientos y tácticas y estrategias, lo mismo que los proyectos y propuestas presentadas en éste libro, y **las pongan en práctica,** la prosperidad vendrá de inmediato, la abundancia de empleos será suficiente, con buen pago y beneficios al grado **de hacer innecesaria la emigración** de sus ciudadanos a otros paises en busca de empleo y mejor vida, pues yá estará a su alcance, y **no tendrán que arriesgar más sus vidas** por ello, **ni sufrirán los desprecios y persecución que ahora enduran.**

En lugares donde su trabajo y sacrificio no es Apreciado.

- - - - - - - - - - -

Regresemos ahora a nuestros temas de economía. **INFLACIÓN.** Ésta ocurre cuando el precio por servicios y productos aumenta, por ejemplo: si cierto producto que hoy nos cuesta $1.00 y al dia siguiente o tiempo después, su precio aumenta a $2.00, a éste incremento en precio se le llama inflación y todos la sufrimos de tiempo en tiempo. Lo mismo ocurre con los sueldos cuando éstos aumentan. El aumento exagerado de sueldos, servicios y productos causan lo que llamamos inflación.

Existe la inflación benéfica que se produce gradualmente y en forma moderada, ésta se presenta con la abundancia de empleos y cuando la economía se acelera medianamente.

En la mayoría de éstos casos, cuando existe abundancia de empleos o que aumenta la demanda por trabajadores, éstos empleos se pagan un poco mejor precisamente por su crecida demanda, también sucede cuando los empleadores gratifican a sus empleados de más experiencia, con un aumento de sueldo precisamente por su experiencia y destreza, éstos aumentos sí cuentan, aún cuando son insignificantes dentro del conteo total inflacionario, pero son benéficos yá que aumentan el poder adquisitivo del trabajador, mejorando así su nivel de vida.

Y repetimos nuevamente: la abundncia de empleos trae consigo abundancia de dinero y una vez que éste dinero entra en la corriente de la economía, aumenta la demanda de productos y servicios, produciendo con ello más empleos.

Comerciantes, proveedores y productores, al aumentar la venta de sus productos, ellos también aumentan la cantidad de empleados. Todo éste movimiento comercial produce inflación benéfica, dado que todos ellos aumentan el precio de sus productos y servicios en forma moderada.

El ascenso **moderado** de precios definitivamente produce inflación, pero **benéfica.**

En éstas condiciones, los comerciantes, proveedores y productores logran captar mayores ganacias gracias a la crecida demanda de productos y servicios, lo cual les ayuda a aumentar su capital el que luego <u>invierten</u> y con ello <u>producen más empleos.</u>

Gracias a éste elevado y acelerado intercambio comercial, la economía acelera y ayuda al yá conocido efecto de la constante económica, que produce empleos una y otra vez, sin fin.

Existe la **inflación Nociva,** la que disminuye nuestra habilidad de adquirir todos los productos de uso diario en la misma forma que lo hacíamos antes de la inflación.

Ésta inflación se presenta cuando los precios de los productos y servicios <u>son aumentados demasiado</u> al grado que nuestro sueldo o salario yá <u>no es suficiente</u> para adquirir la misma cantidad de productos necesarios para la subsistencia, y ésto es inflación nociva, que muy frecuentemente empobrece a los pueblos del mundo.

Cuando éste tipo de inflación <u>se generaliza,</u> es la mayoría de los empleados en el nivel de sueldos o salarios más bajos, los que <u>sufren mayormente,</u> su poder adquisitivo disminuye, su pago no les alcanza para adquirir los productos que necesitan o no les alcanza para obtener la misma cantidad que podían obtener anteriormente con el mismo dinero, mientras la inflación dura, el <u>ciudadano pierde</u> y sólo le produce un <u>retraso económico.</u>

Sin embargo, encontramos que el grupo de ciudadanos que reciben salarios o sueldos mayores, aún cuando también sufren el mismo problema de alza de precios, dada su mejor posición financiera o económica, no sufren deprivación, sólo la inconveniencia de tener que desembolsar un poco más para adquirir las mismas cosas que anteriormente adquirían por menos dinero.

Sus sueldos o salarios altos les permiten mantener el mismo nivel elevado de vida.

En casos como éstos, cuando la inflación está dañando seriamente el poder adquisitivo del trabajador más pobre, creémos que es obligación de los gobiernos establecer un control firme de precios, mejorar los salarios mínimos, y también distribuir cupones para comestibles a los más pobres de los trabajadores y de la población en general.

Comparando ahora ésta situación a una misma en lo Estados Unidos de Norte América, que es el país al que queremos imitar en economía, y que algún dia lo obtendremos, y quizá mejor.

Éstas condiciones inflacionarias existen igualmente en Estados Unidos, sólo que los salarios o sueldos mínimos, son más elevados y son suficientes para la subsistencia del ciudadano en tiempos de inflación, y aún cuando deteriora la habilidad de las personas para adquirir productos de alto precio, sin embargo sus sueldos les son suficientes para vivir una vida confortable, aunque nó a un alto nivel. Lo que la inflación hace, es poner <u>fuera del alcance</u> del sector pobre y mediano, los productos de <u>alto costo,</u> como la vivienda, automóviles y otros, y aun cuando encarece los productos en general, éstos quedan aún al alcance de la mayoría, gracias a sus altos <u>sueldos o salarios.</u>

La inflación nociva aparece en Estados Unidos y en el mundo entero, sólo que en paises pobres se culpa a la <u>escacéz de productos y bajos sueldos,</u> mientras que en Estados Unidos se culpa a la <u>sobreabundancia de dinero.</u>

Ahora bien, considerando que en Estados Unidos, la gran parte de la ciudadanía lo mismo que la gran mayoría del sector empresarial o empresas, trabajan con la facilidad del <u>crédito,</u> todos ellos dependen de los bancos o instituciones crediticias para obtener capital para sus negocios, trabajos y proyectos.

Son <u>muchos miles de millones</u> de dólares los que se conceden en créditos anualmente a las empresas para sus proyectos, y al obtener éstos créditos se les grava una tasa de interés. Mientras éstas tasas de interés permanecen <u>bajas o moderadas,</u> se facilita obtener capital y les dá un margen más amplio para sus ganancias al ejecutar sus proyectos.

El consumidor en general, quien gracias a su empleo que le genera un sueldo <u>substancioso</u> y gracias también al acceso que tiene a los <u>créditos,</u> obtiene a crédito precisamente muchos de los productos de alto valor como automóviles y viviendas, y luego también lo usa para obtener productos de uso diario, por medio de las tarjetas de crédito, muy comunes éstos dias.

Mientras las tasas de interés que el consumidor paga por su crédito, permanecen bajas, éste adquiere más y más productos gracias al crédito fácil y barato, con el uso de las dichas tarjetas a las que ahora sólo llaman plástico.

El tener y usar éstas tarjetas, facilita la adquisición de productos y servicios y ésta facilidad aumenta la demanda de productos y servicios, lo cual acelera la economía a niveles muchas veces no deseados y nocivos.

Mientras el aumento de precio en los poductos y servicios se eleva en forma moderada, la inflación, como yá lo sabemos, es benéfica, pero cuando las economías están basadas en el crédito fácil y barato, ésto dá paso a la demanda exagerada, lo cual produce una inflación nociva.

El crédito es bueno pero es nocivo cuando se abusa; Es aquí cuando las cosas empiezan a cambiar, pues gracias al crédito fácil y bajos intereses, la demanda crece pero causa que los precios empiecen a elevarse y mientras la demanda sigue creciendo , los precios siguen elevandose y de una buena inflación se pasa a la inflación nociva, entonces los sueldos, salarios y créditos empiezan a ser insuficientes para adquirir los productos que el consumidor necesita.

El crédito mismo se hace difícil de obtener, y si en algún momento el sueldo de la persona le calificaba para obtener el crédito para comprar una vivienda a plazos, al aumentar los precios excesivamente, su mismo sueldo ya no le califica para un préstamo adecuado, pues como indicamos anteriormente, la economía de éste país se desenvuelve en gran parte basada en el crédito, y ésta facilidad es la que en éste caso produce la inflación nociva.

Como vemos pues, de una inflación benigna se pasa a una inflación nociva aún en éste país, cuando no sólo el ciudadano consumidor en su mayoría usa el crédito en la mayor parte de sus transacciones, sino también una gran mayoría de las empresas trabajan en base al crédito.

Se dice que la economía en Estados Unidos está basada en más del 90% en crédito.

La inflación nociva produce estragos en las economías aún cuando ésta séa la de Estados Unidos.

Cuando de una inflación benéfica se pasa a una inflación nociva, en los Estados Unidos, se pone en acción un plan de control muy propio, el que consiste en aumentar la tasa de interés que el gobierno carga a la banca o bancos, los que a su vez la cargan a los empresarios cuando solicitan préstamos para sus proyectos y también al consumidor en general en préstamos personales y en sus tarjetas de crédito, en otras palabras: Cuando la tasa de interés que el gobierno aplica a los bancos es aumentada, éstos también aumentan sus tasas de interés que cargan a sus clientes las Empresas y al consumidor.

Una **alza** en el interés rediticio sobre el dinero o capital, causa una **baja** en la demanda de productos, la que ocasiona un aumento en el inventario de dichos productos que no se venden, dado que el consumidor se enfrenta a precios altos combinado con intereses igualmente altos gravados en sus préstamos directos y en sus tarjetas de crédito.

Ésta medida, como dijimos, reduce la demanda de productos a tal grado que los precios empiezan a ceder, con el propósito de atraer nuevamente al consumidor, y al suceder ésto, la inflación empieza a bajar, el gobierno entonces, mantiene los intereses altos hasta que los precios y la inflación bajan a niveles deseados.

Ésto sucede en Estados Unidos cada cierto número de años y se aplica la misma medida cada vez, y ésta medida es efectiva invariablemente.

Ahora bien, la medida tomada en Estados Unidos para combatir la inflación, dá resultado porque el nivel de vida del ciudadano en general es alto y puede resistir por más tiempo una inflación y porque la economía en casi su totalidad camina y se desenvuelve en base al crédito, que es el causante principal de la inflación, y ésta medida afecta el crédito y se aplica directamente a las prácticas y normas del crédito.

Pero ésta forma de combatir la inflación, no es recomendable para paises con economías pobres, a éstos se les recomienda aumentar la inversión en las industrias de producción para aumentar los empleos y para aumentar igualmente la cantidad de productos en el mercado lo cual bajará precios y disminuirá la inflación, y para mayor seguridad es conveniente imponer cierto <u>control</u> de precios para mantener la inflación a su más bajo nivel.

Existe otra situación nociva dentro de las economías del mundo. <u>LA RECESIÓN.</u>

<u>Recesión,</u> es el estado de la economía relacionado con la inflación, cuando ésta empieza a ceder y continúa su descenso hasta un plano donde hay una pérdida de empleos mucho mayor al esperado con las medidas aplicadas como remedio para detener la inflación. Ésta desinflación con su contínua pérdida de empleos reduce como consecuencia la demanda de productos lo que luego causa la pérdida de más empleos. Es el retroceso o regreso del crecimiento económico.

<u>Recesión es una prolongada desaceleración</u> económica en la que los empleos continúan reduciendose y que por consecuencia la demanda de productos se reduce a la par y al suceder la primera, la segunda le sigue invariablemente y ésto se repite continuamente hasta que la economía es <u>revitalizada</u> con un <u>fuerte influjo de capital,</u> con la inversión de nuevo capital o dinero por parte de los gobiernos, seguida luego por una reducción en la tasa de interés misma que se aumentó primeramente para reducir la inflación, ahora la reduce para acelerar la demanda de servicios y productos y aumentar los empleos, estimulando con ello la Economía en general, y facilita el capital a la iniciativa privada que produce la mayor parte de

los empleos, ésto sucede en Estados Unidos; En paises pobres, es necesaria la intervención vigoroza de los gobiernos inyectando suficiente capital en sus economías, lo que creará los empleos perdidos y para que las empresas empiecen nuevamente a captar ganancias y a recapitalizarse.

Una intervención agresiva por parte de los gobiernos para combatir las recesiones sería con subsidios a las industrias ya existentes y la capitalización de nuevas industrias.

Si las condiciones son desesperantes, los gobiernos pueden iniciar la distribucion de cupones buenos para adquirir alimentos y vestido lo mismo que distribución de dividendos en forma significativa, como de $3,000 a $10,000 por persona en Estados Unidos ganando menos de $50,000 anuales, incluyendo Retirados y personas que no trabajan por alguna incapacidad, repitiéndose dos y tres veces al año si es necesario. La cantidad aconsejable para paises pobres o menos ricos, sería menor desde una tercera hasta una décima parte de lo propuesto para Estados Unidos. Éste acto aumenta la demanda de productos y ayuda al productor y al comerciante a crear nuevos empleos, acelerando de inmediato la economía en general y puede repetirse por uno o dos años, para asegurar que la economía se recupera rápida y totalmente.

Si la recesión es sumamente aguda, y dura por mucho tiempo se le llama DEPRESIÓN.

La respuesta de los gobiernos a una Depresión debe ser igualmente intensa, aumentando la inversión en los servicios públicos y subsidiando directamente los sectores de la producción, como Agricultura, Minería, Pesca, Construcción y el comercio en general y no olvidar la distribución de cupones para el alimentos y vestido, y dividendos a los ciudadanos.

Al atacarse la recesión y la Depresión en ésta forma vigorosa, los empleos aumentan y se acelera la economía de cualquier nación y naturalmente el ciudadano resulta el más beneficiado.

Empleos y demanda de productos y servicios son puntos yá discutidos aquí largamente, pues son los que incrementan la producción, aceleran el comercio y la economía; Hacemos incapié en la ayuda a la Agricultura, porque es la que produce nuestros alimentos y otros productos que complementan muchas otras y variadas industrias.

= = = = = == = = =

Presentamos ahora un escenario donde ocurre un Cataclismo o un temblor sumamente grande donde millones de ciudadanos pierden sus viviendas y pierden el suministro de agua potable, electricidad, alimentos y empleos.

Nosostros pensamos que todos los paises deben estar preparados para ayudar a sus ciudadanos en un caso como el que les presentamos.

De uno a diez millones de personas desplazadas de sus viviendas y sin tener qué comer o beber o vestir o dónde dormir.

Ésto presenta un problema sumamente enorme a resolver, y como dijimos anteriormente, todos los paises <u>deben estar preparados</u> para resolver problemas como éste.

Se recomienda establecer <u>Graneros y Almacenes</u> donde puedan guardarse suficiente grano y alimentos enlatados como <u>para satisfacer las necesidades de al menos un millón de personas por dos años,</u> incluyendo cobertores, ropa de cambio personal, colchones, lámparas de mano, de gas y Radios. Establecer fuentes para proveer agua potable, tiendas de campaña y muchos otros artículos que ayuden a sobrevivir a los desplazados.

Si éstos artículos, incluyendo grano y latería no son usados antes de la fecha de caducidad, deberán ser reemplazados por nuevos, disponiendo de los reemplazados, regalándolos a los ciudadanos más pobres, o bien a otros paises pobres.

Al crear éstos <u>centros de almacenamiento,</u> muchos empleos se habrán creado y el comercio y la economía se beneficiarán lo mismo que los ciudadanos que los produzcan, y éste beneficio continuará por todo el tiempo que se mantengan éstos almacenes, pues tendrán que ser reemplazados tanto el grano como todos los demás artículos continuamente, y es natural que se <u>produzcan empleos constantemente,</u> lo cual beneficia al comercio, al comerciante, al productor y al proveedor. Ésto es mejorar la economía nacional y especialmente los sectores de producción, transporte, cuidado y dirección del plan.

El costo para el Gobierno: Solo el pedirlo a sus Congresos y Senados, y como es para remediar alguna situación Catastrófica y un beneficio nacional, estamos seguros que lo concederán, y el costo final sería: **CERO.**

Quizá algunas de las sugerencias que aquí ofrecemos, les parezcan un poco simples, pero créanlo, dan los resultados que indicamos, invariablemente.

Ahora les presentamos un dato que nos sucedió hace pocos años. Juzguen ustedes:

Hace unos seis años, el nuevo Presidente de Estados Unidos, declaró un reparto de $300 o $600 dólares a cada trabajador quien durante el año anterior recibió por su trabajo menos de cierta cantidad que por lo pronto no recuerdo, quizá unos $17,000 dólares durante dicho año; Mi esposa y yo recibimos cada uno ésa cifra y la disfrutamos.

Desde luego que éste acto ayudó a acelerar la economía en un plazo sumamente corto, ya que la mayoría de los recipientes nos dirijimos a usarlos comprando muchos diferentes productos aún cuando muchos pensamos que debería haber sido mayor la distribución. .

Podríamos **imitar ésta iniciativa ?.**

Absolutamente, Sí se puede imitar, lo único que se necesita es una decisión afirmativa del gobierno.

El siguiente es otro pequeño relato que nos enseña qué podemos hacer al enfrentar problemas donde ninguno de los ciudadanos afectados, tienen una idea para resolverlos, aún cuando la respuesta o respuestas séan sumamente simples y sencillas.

En éste caso estuvimos nosostros personalmente envueltos, y nos tomó muchos años para encontrar una solución duradera, es por eso que damos el consejo a seguir en éste y cualquier otro caso similar en sus pueblos y sus paises.

Hace algunos años, estuve en una junta de ciudadanos de mi pueblo, en el que se reunieron las personas más importantes de allí con los enviados o con el gabinete del entonces presidente de la República y el Gobernador del Estado. Ésta junta tenía el propósito de encontrar formas para ayudar al pueblo a levantar su economía y prosperar.

Los enviados de la Presidencia trajeron dos pequeñas fábricas, una de calzado, la otra de camisolas. El Gobernador del Estado, sólo ofreció su apoyo.

El resto de los que acudieron, eran miembros del ayuntamiento del pueblo y comerciantes y miembros del ejido, también el zapatero y el dueño del único taxi del pueblo.

Yo, en particular, no tenía en ése momento una idea que pudiera ayudar, pues el dia anterior había regresado de una gira de trabajo por los Angeles California, que se extendió por diez años, es decir, la falta de empleo me hizo ir allá donde me quedé trabajando por todo ese tiempo y el dia anterior recién había regresado.

El único que ofreció un proyecto, fué mi hermano quien venía preparándose una o dos semanas antes. Sugirió plantar o formar un huerto de nogal o árboles de nuez, y se aprobó.

De un grupo de unas cien (100) personas sólo éste proyecto se presentó, el resto no tenía o teníamos idea qué cosa podría ayudar a levantar la economía de éste pequeño pueblito.

Desafortunadamente los tres proyectos iniciados sólo duraron unos cuantos años por falta de asesoría agrícola y comercial, lo cual es mi opinión después de todo este tiempo.

En casos como el anterior y aunque parezca simple o sencillo, es siempre aconsejable buscar y encontrar y traer personal con conocimientos y **experiencia** para crear industrias o huertos o negocios o cualquier otra empresa, al lugar donde se quiere establecer, cuando allí carezcan de personas con ideas o experiencia, y seguir ayudándoles después, hasta que tengan maduréz propia y muy pricipalmente cuando tengan una base económica fuerte sin el riezgo de fracasar a causa de algún problema que se presente.

En cualquier caso, es siempre conveniente prolongar la asistencia técnica y muy especialmente Asistencia financiera.

Debemos recordar que pueblos pobres que necesitan ayuda para prosperar como en el ejemplo anterior, están pobres precisamente **porque no existe** en ellos una sola persona con experiencia que ofrezca ideas o propuestas de proyectos que puedan implementarse para crear empleos y que de paso tampoco tienen el **financiamiento** para llevarla a cabo y si están pobres es por cualquiera de éstas dos razones **o por las dos.**

La solución está en manos de los gobiernos, quienes con la ayuda tánto finaciera como técnica, encontrada o procurada por los Directores de cada departamento gubernamental, pueden ofrecerla al ciudadano empresario por plazos extendidos, ésta ayuda deberá ser la ayuda del **experto** en el proyecto a emprender, pues es muy importante o quizá lo más importante, la ayuda y dirección DEL EXPERTO, y que sin duda pagará al mil por uno con su guia y experiencia.

El tema del **experto,** lo mencionamos varias veces en éstos estudios porque lo consideramos de **suma importancia.**

En éstos estudios, hemos ofrecido yá algunas ideas o proyectos que pueden ponerse en marcha para mejorar economías locales y regionales en un país o en muchos paises, debemos considerarlas todas y actuar en las que mejor ayuden a cada región.

En todos los paises hay muchos y diferentes proyectos que se pueden subsidiar para acelerar sus economías, pero al emprenderlos es necesario, no sólo conveniente, contar con los expertos que acabamos de mencionar, y si no se encuentran en el país, conviene traerlos de donde se encuentren, pues como dijimos ántes, es una inversión que paga al mil por uno.

Las ideas aquí presentadas son simples y se pueden aplicar en cualquier país.

Volviendo de nuevo y sólo por un instante al tema de la inflación y recesión, en Estados Unidos se combate la inflación aumentando las tasas de interés debido a que su economía se basa mayormente en el crédito. Luego, para combatir la Recesión hacen exactamente lo contrario, que es reducir los intereses en sus préstamos por un tiempo tan largo como séa necesario hasta que se consigue una recuperación, aumentan también los subsidios a las industrias y las inversiones en los servicios públicos.

En cuanto a la tasa de intereses sobre préstamos originados del gobierno, a Bancos y otras agencias, nosotros la hemos visto hasta el medio del uno porciento que escrito sería 0.5%, y creémos que en caso necesario, éstos podrían ser del cero porciento: 0%, lo que ayudaría enormemente a acelerar la economía de cualquier país del mundo.

PODER ADQUISITIVO.

El poder adquisitivo personal o global, está ligado directamente a la relación del precio de los productos y servicios con el sueldo o salario de los ciudadanos. Durante una inflación, la mayoría de los consumidores pierde poder adquisitivo causado por el aumento de precios, y al mismo tiempo baja su nivel de vida

Poder adquisitivo es la habilidad o el poder que tiene el consumidor par adquirir productos o servicios con su sueldo o salario.

En ésta medida como yá dijimos, se encuentra <u>que el que gana más tiene mayor poder adquisitivo que aquél que gana menos.</u> El aumento de precios durante la inflación reduce el poder adquisitivo del consumidor, su dinero no es suficiente para obtener la misma cantidad de productos que cuando los precios estaban bajos. Más tarde cuando la inflación yá no existe, los precios bajan, y el Poder Adquisitivo del consumidor aumenta, éste poder adquisitivo aumenta también cuando el sueldo del trabajador es aumentado.

Una forma de recuperar el poder adquisitivo del consumidor es: <u>aumentando los sueldos</u> que le dan más poder al consumidor, o bien, <u>aumentando la producción</u> para reducir los precios de los productos.

Hacemos ahora una pequeña pausa para expresar nuestra propia percepcion del significado de los nombres siguientes:

PAÍS: Es el total del terreno que una nación ocupa y que es reconocido por la comunidad mundial.

NACIÓN: Es el total de personas o habitantes o individuos o ciudadanos que ocupan o viven en un país. Población se refiere a una nación, que es el total de habitantes en un país o región.

PERSONA, individo o ciudadano: Es la cuenta de uno en los habitantes de un país.

GOBIERNO: Es el conjunto de personas electas y contratadas para dirigir los destinos de una nación, éstas personas son servidores y empleados de la nación. El gobierno no es dueño de las riquezas del país ni del dinero.

PROSPERIDAD, Es el avance o mejoramiento personal, regional, nacional o global obtenido usando los conocimientos y tecnología lo mismo que erramientas y maquinaria que se tiene a la mano en el momento.

PROGRESO, Es el avance y mejoramiento que se obtiene en todas las ciencias y las tecnologias al modernizar y encontrar nuevas soluciones, nuevos productos y nuevos procesos, mediante la **innovación**, la **renovación** y la **invención.**

Dado que en nuestros estudios usamos con frecuencia éstos nombres, es importante establecer el significado que nosotros le damos a cada uno, para que nuestros temas y proyectos séan captados conforme a lo que nosotros queremos expresar.

Hasta aquí hemos estudiado las situaciones económicas más conocidas y frecuentes en las que una nación se puede encontrar, y que tienen el mayor impacto en su economía y nivel de vida de sus ciudadanos. Más adelante estudiaremos las razones y las iniciativas más importntes mediante las cuales, una nación puede prosperar y engrandecer económicamente, pero ántes haremos un ejercicio usando lo que hasta aquí hemos aprendido y de paso les presentaremos proyectos que ayuden a resolver los problemas que ustedes quizá encontrarán en su propio país.

Supongamos que existe un país con buena cantidad de riquezas naturales poco explotadas por falta de capital y con pocas industrias trabajando a baja capacidad, existen pocos empleos en oferta, los sueldos bajos y la demanda de productos es reducida y sus precios altos, es decir, un país pobre como muchos que ahora existen.

Cómo podría solucionarse el problema de su pobreza?.

Éste no es problema fácil, pues éstas condiciones existen en muchos paises o quizá en la mayor parte de los paises en éste planeta, que por miles y miles de años no han podido salir de su pobreza, sino que en repetidas ocasiones han casi desaparecido o han empeorado al pasar del tiempo.

Nuestros estudios nos han enseñado que es necesario inicialmente una inversión de capital o dinero por parte de los gobiernos en servicios o la construcción pública para beneficio de la nación, lo que producirá empleos, que se multiplican luego gracias a la constante económica.

Los proyectos o consejos que les ofrecemos enseguida, aunque sencillos, son aplicables en cualquier país del mundo y dán resultados envidiables, invariablemente.

CAPITULO

II

PROYECTOS PARA LA PROSPERIDAD
DÉFICITS - AUSTERIDAD - DEUDA NACIONAL
COMERCIO INTERNACIONAL
MONEDA DE ACEPTACIÓN MUNDIAL
ENGRANDECIMIENTO - RIQUEZA - PODER

PROYECTOS PARA PROSPERAR

1.- Aumentar la inversión anual en servicios públicos hasta en un 100%, éstos servicios son primeramente los que se dan al ciudadano para su salud, su educación y su bienestar, luego el cuidado, limpieza y embellecimiento de las playas y de las calles en cada pueblo o ciudad, parques, carreteras, edificios de uso público como Escuelas, Hospitales, bibliotecas, limpieza de caminos y carreteras. Ciudades bellas y limpias, no sólo son orgullo de sus habitantes sino que invitan al viajero a parar y gastar su dinero, contribuyendo a la economía del pueblo con empleos para muchos de sus ciudadanos.

2.- Aumentar o empezar los subsidios al Agricultor, al comerciante, al ganadero, Pescadores, mineros y a todas las industrias y empresas medianas, pequeñas y Micro industrias del país en un programa de diez (10) años, renovable, exigiendo a cambio el aumento de producción y número de empleados.

Enseguida les presentamos el programa más ambicioso que daría a cualquier país un empuje económico enorme en su esfuerzo por la recuperación y prosperidad, que daría empleo a infinidad de sus ciudadanos y crearía multitud de nuevas industrias y aumentaría las yá existentes por un largo tiempo que quizá ningún ciudadano que lo véa nacer, lo verá terminar.

Éste proyecto les dará también una razón para sentirse orgullosos de su gobierno y de su país por cientos o miles de años.　　Éste programa se refiere a la vivienda y es el proyecto número tres (3) enseguida.

3.- <u>RENOVACIÓN Y CONSTRUCCIÓN</u> de la vivienda.

Éste proyecto tendría una duración desde <u>50</u> hasta <u>100</u> años, con la posibilidad de volverlo a aplicar. Se refiere a La <u>construcción y reconstrucción</u> de las viviendas actuales por otras más modernas en las que el gobierno invertiría el total del costo usando materiales producidos en su mismo país en todo lo que séa possible.

El ritmo de construcción sería desde el <u>2% o 3%</u> anualmente, del total de las viviendas.

La obligación de cada dueño de vivienda sería, pagar al gobierno, séa éste el gobierno central o Estatal o Local, el total del costo sin gravamen de intereses, en un término de 100 años.

Éste dueño <u>retendría título</u> de la propiedad con derecho a venderla al precio que él mismo decida, pasando el saldo de la deuda al nuevo dueño, o bien pagando el saldo de la deuda en su totalidad con el dinero recibido en su venta.

Como expresamos anteriormente, éste proyecto **crearía** una enorme cantidad de empleos directamente , más el impacto de **la constante** económica que seguirá creando empleos invariablemente cada vez que el capital invertido cambie de manos en una forma sin fin y por todo el país, seguido luego por empleos producidos con la crecida demanda de materiales para la construcción, lo que daría paso al **crecimiento de las industrias** relacionadas como la industria del cemento, bloque para construcción, cerámica para los pisos, tejas para los techados, madera, productos eléctricos y de plomeria, y hasta la industria del clavo tendría un auge tremendo y muchos nuevos comercios e Industrias se establecerían para satisfacer la demanda de todos éstos materiales.

Como el programa sería de 50 a 100 años, yá se aseguran muchos años de prosperidad en éste ramo de la economía, con la opción de repetirse.

Sin olvidar el beneficio a los comercios y a los proveedores y productores, quienes podrían captar nuevo capital para luego invertirlo en una expansion o en otro negocio diferente y la infinidad de empleos que ellos generarían y una crecida demanda de productos gracias a ésta gran inversión, que seguramente aceleraría la economía nacional y beneficiaría inmensamente a los ciudadanos con un gran aumento de empleos.

Todo ésto trae prosperidad, indudablemente, Y la ejecución de éste gran proyecto, sería el sueño dorado de cualquier nación, asegurando empleos para sus ciudadanos por muchos años, mejorando su nivel de vida y obteniendo de paso un aumento en el valor de la propiedad nacional.

Estamos seguros que el emprender un proyecto de **Renovación y construcción** de la vivienda, sería la resurrección económica de cualquier país y daría a sus ciudadanos una forma de vivir más confortable y se sentirían orgullosos de éstas, sus nuevas viviendas.

Éste es un emprendimiento con resultados garantizados de crecimiento económico que se multiplicaría cien y mil veces.

Los números usados en el proyecto de Renovación de la vivienda, son sólo una sugerencia, éstos pueden ser cambiados ajustándolos a la conveniencia de cada país y nación.

Hemos visto proyectos de vivienda donde se alojan cientos de familias, en edificios de 10 y 20 pisos, también hemos visto series de pequeñas casitas o viviendas hechas con gran austeridad; Lo que nosotros envisionamos son viviendas separadas que séan un orgullo para el ciudadano y un orgullo nacional, el costo para el gobierno sería el mismo.= **CERO.**

4.- Dar o distribuir a los ciudadanos pobres del país, cupones para obtener alimentos y vestido para el uso propio incluyendo su familia. Ésta práctica produce inmediatamente un mejoramiento en las economías locales y regionales y del país y dura muchas veces el tiempo que se implementa.

La economía acelera de inmediato gracias al aumento en la demanda de productos, la que beneficia al productor, al distribuidor, al comerciante y al ciudadano con mayor necesidad.

5.- Entregar el equivalente de $300 a $600 dólares o más, dos o tres veces al año a cada trabajador en las escalas de medio y bajo sueldo, incluyendo a los ciudadanos más pobres del país y aquellos que por enfermedad o vejéz no puedan trabajar.

Éstas cinco propuestas son todas buenas para revitalizar cualquier economía en cualquier país con deseos de prosperar. Sin embargo, es siempre conveniente estar vigilantes de que no resulte en inflación desmedida, aplicando ésta vigilancia o control de precios y una balanceada inversión en los proyectos, se obtendrá la solución deseada y no causará inflación nociva.

Cualquiera de éstas propuestas y todas ellas son factibles y traen los beneficios aquí indicados, son inversiones que pagarán por cien y mil años en el futuro.

Seguidamente trataremos el tema de la Deuda doméstica y deuda Nacional.

Déficit del Gobierno es el que se produce cuando el gobierno con sus dependencias se exceden en el gasto o inversión pública, en relación al presupuesto total aprobado en un país.

Éste presupuesto es formulado por expertos en economía que operan en cada departamento o Secretaría del gobierno, como Educación, Comunicaciones, Transportes y Caminos, Defensa Nacional, Vivienda, Salubridad, Comercio, Agricultura, Ganadería, Pesca, Minas, y otros.

Cada departamento formula sus propios presupuestos y el conjunto de todos los presupuestos departmentales forman el Presupuesto total del Gobierno.

Cuando los gastos o inversiones del gobierno en servicios para la nación, exceden el presupuesto total, se dice que por el año se tuvo un déficit, el cual se acumula año sobre año y en algunos paises así lo creen y le llaman deuda del gobierno, el que luego sugieren habrá de pagarse en el futuro por los hijos de los ciudadanos, mediante impuestos más elevados.

Éste déficit del gobierno, **no es déficit** en el sentido que se está operando sin dinero o en linea roja, ni **tampoco es deuda** del gobierno y mucho **menos es deuda nacional**.

El déficit ocurrido, indica que el gobierno usó o gastó o invirtió en servicios y proyectos a favor de la nación, más de lo autorizado por los Congresos en el total de la suma de los presupuestos departamentales del gobierno.

En casos como éste, es aconsejable presentar al Congreso una nueva solicitud de capital para cubrir los sobregastos y lo que se considere que hará falta para cubrir gastos o inversiones hasta el fin del año fiscal.

Es decir: presentar una propuesta de **"Reconciliacion del presupuesto",** que es usado en Estados Unidos. Creémos que es factible y obtenible en sus paises también.

Es aconsejable y conveniente **formar un fondo de emergencia** para cubrir éstos sobregastos, con suficiente capital, no con fondos limitados que terminen siendo insuficientes, el que se puede llamar "Fondo General para Emergencias" como se hace también en Estados Unidos

- - - - - - - - - -

Es posible que algunos paises séan influenciados por consejos de **Austeridad,** haciéndoles creer que así podrán mejorar sus economías.

Implementar la austeridad en un país <u>no produce ninguna mejora</u> en la economía sino todo lo contrario, los mantiene <u>en la pobreza</u> y retrasa su recuperación por muchos años más, después de terminado el ciclo austero.

Hemos observado que los <u>paises ricos nunca someten a su nación</u> a ciclos económicos austeros, sino que sobrepasan sus presupuestos año con año, y ésto sólo les acelera y hace crecer sus economías; habrá entonces alguna intención equivocada cuando ellos <u>aconsejan austeridad?.</u>

Austeridad en una persona en particular, que vive de su empleo o de alguna otra entrada de dinero mensual o anual, muchas veces produce riqueza cuando después de muchos años de llevar una vida austera se encuentra en su ancianidad o **en la tumba,** que éste poseía una cantidad de dinero que le merece el nombre de millonario o rico; Sin embargo una austeridad de los gobiernos para sus naciones produce no riqueza, sino pobreza en relación directa a la severidad de la austeridad impuesta.

Las formas contables deben ser <u>diferentes en los</u> gobiernos a las usadas en empresas privadas y ciudadanos en particular.

A las empresas privadas cuando se les <u>termina el capital</u> dejan de trabajar y <u>desaparecen.</u>

Cuando una persona en particular se le termina el capital, entra en estado de pobreza y necesidad y se le entra un cero en el activo o positivo.

En cambio, <u>cuando se trata de los Gobiernos,</u> éstos trabajan con presupuestos aprobados y si se exceden, sólo lo registran como sobregasto y no pasa de allí. Éstos presupuestos son aprobados por <u>Senados y Congresos</u> electos por los ciudadanos para que les representen y para que dirijan todas las politicas y finanzas en la mejor forma posible teniendo como primordial obligación <u>el beneficio de todos los ciudadanos o nación y el país.</u>

Cualquier cantidad que se use sobre el presupuesto aprobado, se le llama déficit y pasa a formar parte de la deuda del gobierno. <u>Y cuando ésto sucede,</u> los gobiernos no desaparecen como desaparecen las empresas privadas, ni los gobiernos tienen qué salir a buscar ayuda para seguir existiendo, como le sucede al ciudadano en lo particular. Los gobiernos sólo se anotan un déficit y siguen operando.

Por tanto pues, las reglas contables deben ser <u>diferentes en cada caso. Qué beneficio trae ésta comparación?</u>.

Que los gobiernos <u>no tienen límite</u> para apropiarse capital, sólo el que ellos mismos se impongan para beneficiar a la nación, y que no es bueno someter a su nación a ningún programa austero, pues no ayuda sino que **causa daño económico al ciudadano y al país en general.**

Creémos que en la preparación de presupuestos, éstos deben formarse para satisfacer las necesidades presentes y más importante incluyendo proyectos para el <u>crecimiento económico</u> en el futuro.

En cuanto a los déficits del gobierno que forman la deuda del gobierno y que en Estados Unidos dicen que al final serán pagados por los ciudadanos. No es verdad, y ya hay economistas de renombre cuestionándolo y no tardará mucho tiempo sin que se decida éste tema y en unos momentos les presentarémos nuestra solución al problema del deficit o deuda Nacional.

En Estados Unidos los déficits anuales nos los presentan como del 65% sobre el presupuesto aprobado, sin contar gastos secretos y proyectos también secretos, éllos siguen aumentando los déficits y el total de su deuda sin preocupación, pues sólo son números y no importa hasta dónde lleguen. Creemos que sus déficits sobrepasan el 100% de sus presupuestos y quizá más.

Sin embargo <u>se ha requerido de paises pobres</u> solicitando créditos del Banco Mundial o Panamericano con el propósito de comprar productos de los mismos paises ricos que son los que forman o capitalizan ésos bancos, que se sometan a <u>programas austeros,</u> los que como ustedes yá saben no producen riqueza o prosperidad sino retraso económico por muchos años más, sobre los que yá están atrasados.

Y aún así, lo hacen, pero a cambio son presentados al resto del mundo como paises modelos siguiendo la senda del progreso; Nosotros yá sabemos que nó es austeridad la que acelera economías, sino por el contrario, el aumento en las inversiones para el beneficio de la nación, son lo que crea empleos y acelera economías.

Si un país se somete a un programa de **austeridad** y yá está cien o más años atrasado en comparación a paises ricos, ésta austeridad le <u>atrasará otros 50 años o más.</u>

Cual será pues el propósito al pedir éste sacrificio de un país pobre?, creemos que la respuesta es muy obvia para nosotros. No quieren competencia de ninguna nación.

Nuevamente: Los congresos con sus cámaras de Diputados y Senadores, son los que velan por el <u>bienestar de los</u> ciudadanos, es entonces obligación de ellos, aprobar presupuestos en la magnitud necesaria para satisfacer las necesidades de la nación y mejorar la economía y seriamente buscar nuevos proyectos que le rindan a la nación y al país <u>prosperidad, mejoramiento personal y progreso real en el futuro.</u>

Esperar ésto de nuestros representantes en el gobierno, <u>no es un lujo o demanda caprichosa sino derecho nato,</u> que debe satisfacerse una vez obtenidos los conocimientos de acción y los medios para actuar que aquí les ofrecemos, no excusas.

Todos los proyectos y sugerencias aquí presentadas, son absolutamente genuinas y dan los resultados que indicamos. Nuestra preocupación es la prosperidad y el progreso total de las naciones pobres incluyendo desde luego el mejoramiento personal de cada ciudadano.

Estados Unidos de Norte América <u>acumula un déficit annual de 65% recconocido,</u> más lo que no dá a conocer, y es un país yá altamente desarrollado; Ahora bien, un país que empieza el camino del desarrollo, necesita aumentar su presupuesto en <u>al menos 100%</u> sobre el año anterior, si deveras quiere prosperidad y progreso, después, seguir aumentando hasta el <u>50% sobre el presupuesto del año anterior,</u> pero siempre y cuando se hayan identificado proyectos factibles que se puedan seguir y que rindan resultados afirmativos cada vez.

Éste aumento puede seguirse hasta por unos 7 años, al fin de los cuales su economía habrá crecido muchas veces trayendo una mejoría en el nivel de vida de sus ciudadanos y una gran riqueza estructural al país.

Déficit en el comercio externo es la diferencia del total de las compras en el exterior menos el total de ventas al exterior, si las compras fueron mayores que las ventas se tiene un déficit. Si las ventas fueron mayores que las compras se tiene un surplus.

Deuda Externa es el total que no se pagó de las compras o compromisos en el exterior.

Deuda del Gobierno Federal, es el total que los gobiernos gastan por encima de los presupuestos aprobados.

Deuda Doméstica, es el total que los ciudadanos y empresas deben dentro de un país.

Deuda Nacional, ésta comprende la Deuda Externa, La Deuda federal o del gobierno y la Deuda Doméstica.

- - - - - - - - - - -

En Estados Unidos se hacen los Presupuestos de "gastos" incluyendo los impuestos pagados por los ciudadanos y cierto porcentage de nueva moneda, cuando éstos gastos sobrepasan a los presupuestos se tiene un deficit y se anota como deuda y así, año tras año la deuda aumenta y no se tiene una fórmula para medir los beneficios o las ganancias que puedan cubrir o pagar por el sobregasto o la deuda ocurrida.

Nosotros todos sabemos que todo el capital o dinero invertido produce empleos y con ello productos y movimiento económico. Por éste simple hecho aquí proponemos **usar el valor del producto total y movimiento total económico incluyendo el valor de los empleos totales anuales, como entrada actual en el sistema contable. De éste total se descuenta la inversion o gasto nacional durante el año en cuestión. En ésta forma se obtiene el verdadero resultado económico, siendo éste un deficit o un surplus. Nuestros cálculos nos dan ganancias o surpluses** <u>invariablemente.</u>

= = = = = = = = = =

Un año después regreso para presentarles el siguiente caso que se vive actualmente en Estados Unidos:

 Durante todo el año del 2007, los precios empezaron a surgir a tal grado que los precios en general y los precios mayormente de la vivienda surgieran en forma desmedida, al grado que muchos ciudadanos no pudieron adquirir viviendas por su alto precio y luego por los intereses igualmente altos que el gobierno incrementó con el propósito de reducir la Inflación, causando que la demanda por viviendas y todos los productos en general disminuyera y con ello empezó la pérdida de empleos, al prolongarse ésta situación, se produjo entonces un desempleo general tanto en la construcción como en la mayoría de las Industrias, incluyendo Automovil, Textil, Comercial, y en toda la gama económico Industrial, produciendo un des-aceleramiento en la economía, causado mayormente por la falta de empleos que redujo consecuentemente la demanda de productos y servicios cuando el trabajador no tiene más la entrada de su pago semanal o mensual por su trabajo.

Por ésta razón, miles y decenas de miles o quizá cientos de miles de dueños de viviendas las perdieron y continúan perdiéndo por no poder hacer los pagos. Las casas financieras y los bancos se ven sin las entradas de los pagos mensuales y también con propiedades que bajan hasta un 50% del valor; El gobierno se presta a ayudar a todas éstas instituciones financieras a las que se les inyectan 25, 50 y hasta 100 Billones de dólares para salvarlas de la bancarrota y de su desaparición.

Viendo éste caso que parece y es, un problema enorme que hereda el Nuevo President Obama, y después de conocer de la formas en que se pretende resolverlo, aquí les ofrecemos una solución sencilla pero efectiva:

9/28/2008. Dado que la economía Nacional de Estados Unidos se encuentra en una recesión prolongada donde millones de empleos se han perdido y con ello se han afectado todos los sectores de producción y servicios precipitando con ello la caida del sector de Bienes Raices o de la vivienda; Proponemos el siguiente **Plan de Rescate:**

PLAN: Primero: reconociendo que la raiz del problema es la pérdida de empleos y de poder adquisitivo de la mayor parte de los ciudadanos; **Recomendamos:** conceder a cada ciudadano con ingresos menores de $50,000 dólares anuales incluyendo ciudadanos retirados o que no puedan trabajar por razones de salud, entregarles un bono de hasta $10,000 dólares.

Éste dividendo les servirá para adquirir productos o servicios y al hacerlo, ayudarán a acelerar la economía en una forma efectiva, **rápida y significativa y <u>repetirlo</u> luego una o dos veces por año para asegurar la completa recuperación** económica de la nación y el país.

Al pasar ésta cantidad de capital por las tiendas de negocios primero y luego por los bancos e instituciones de préstamos, todos éstos captarán un buen porcentage de ganancias lo cual les ayudará a recapitalizarse. Sin que el gobierno necesite de ayudar a las grandes instituciones, creyendo que con eso se acelera la economía.

Subsidios o regalos de billones de dólares a las grandes instituciones financieras, deja el verdadero problema sin resolver, el cual es la falta de empleos, de sueldos y dinero en manos de la clase trabajadora quienes son los grandes inversionistas en las economías de los paises, pues es el ciudadano en general o la ciudadanía de un país el acelerador económico más fuerte y más amplio y el que consume y produce la mayor parte de los productos primero y de paso la mayor parte de los empleos, gracias precisamente a sus propios empleos y a dicho consumo de productos y servicios. **Repito: son ellos, los ciudadanos, los verdaderos aceleradores económicos de cada país; Aún cuando al final, son los grandes negocios** los que terminan captando la mayor parte del dinero en forma de ganancias, y éso sucede invariablemente.

Entonces pues: Ayudando al ciudadano como sugerimos, se ayuda no solo a la persona directa e individualmente, sino que con ésta ayuda se acelera la economía, se recapitalizan los negocios, los bancos y las instituciones financieras en general.

Problema resuelto.

Segundo: Convencer a las instituciones de préstamos para la adquisición de la vivienda, **extender el plazo de pago hasta 40 y 50 o 60 años.** Con ésto los pagos se reducen hasta la mitad, lo que ayuda a promover la venta de la vivienda y hace menos onerosos los pagos para muchos millones de ciudadanos, con ésto se revitaliza y revive ésta industria, haciendo la vivienda más accessible para muchos millones de ciudadanos, y como resultado produce igualmente muchos millones de empleos y acelera la economía.

Problema resuelto.

Tercero: Reducir el interés que el gobierno carga a los bancos e instituciones de préstamos para la vivienda a 0%, en préstamos de capital para la adquisición de la vivienda, y productos de alto valor, ellos pueden luego cargar hasta el 3% o 4% al consumidor, obteniendo un buen ingreso en sus transacciones y **recapitalizandose** de paso.

Problema resuelto.

Cuarto: Como el capital para la adquisición de la vivienda y productos de alto valor será de cientos de billones de dólares prestados por el gobierno, sugerimos que al pagarse éste dinero por los bancos al gobierno, éste se use para aumentar las cantidades que los retirados reciben mensualmente, pues éste dinero yá produjo muchos millones de empleos y benefició a millones de ciudadanos con sus viviendas y re-capitalizó a miles de negocios e instituciones financieras sin necesidad de subsidiarlos; Al entregarlo a los retirados asegurará la creación de nuchos millones de empleos nuevamente cuando ellos lo usen a cambio de productos o servicios. **Garantizado.**

Conbinando todas éstas estrategias es seguro que la economía de Estados Unidos y las economías de cualquier otro pais se recuperan de inmediato.

Ahora bien: Quién va a pagar por todos éstos billones de dólares?. Nosotros yá lo sabemos: Todo el dinero que se imprime o produce por el gobierno es propiedad de la nación y no es necesario re-pagarse, pues ha sido usado para el beneficio de los mismos ciudadanos, dueños de éste dinero. - Para los contadores: **Usar el total del movimiento económico anual, y deducir de éste la cantidad usada anualmente para el rescate económico actual.**

Éste procedimiento yá lo explicamos dos páginas antes. Es Legal, efectivo, y produce los resultados verdaderos, dándonos un déficit o un surplus. Repetir cada año.

Comentario: Como todos sabemos que la mayor parte de los paises del mundo dependen de una economía fuerte de Estados Unidos para mantener sus propias economías, es imperativo entonces que Estados Unidos adopte una decisión inmediata y vigoroza invirtiendo grandes capitales para restablecer su economía mediante el uso de distribución de dividendos a sus ciudadanos, quienes restablecerán su propia economía rápida y definitivamente.

Terminamos así nuestras observaciones de éste año 2008 y regresamos al tema original enseguida.

COMERCIO INTERNACIONAL

Comercio Internacional es el intecambio de productos y servicios entre un país y otro y se practica por todos los paises del mundo.

En el comercio entre dos paises se satisfacen necesidades de ambos paises en igual forma supuestamente, sólo que en nuestro caso, donde Estados Unidos que siendo el país rico que comercia con paises pobres, éste siempre paga con su propia moneda, sin reciprocar en la misma forma, aceptando la moneda de los paises pobres.

Ocurre entonces que el país pobre que quiere comprar de Estados Unidos, tiene primeramente que obtener dólares, séa vendiéndole a ellos algún producto o bien obteniéndolos a crédito. En cualquier caso, cuando compra de Estados Unidos tiene qué pagar con dólares que no produce, pues Estados Unidos no recibe la moneda del país pobre. Ésta forma de comercio favorece mayormente a Estados Unidos en un supuesto comercio libre, que **no es tan libre** cuando está sujeto a condiciones del país rico.

Si el país pobre adquiere dichos productos a base de crédito directo o por medio del banco mundial o Interamericano con interés gravado, muchas veces le resulta dificil cumplir con los pagos de la deuda. Por éstas razones, ésta forma de comerciar, resulta inconveniente en lugar de ser **sólo benéfica.** Aquí presentarémos la forma de remediar éste problema.

Usamos el país de Estados Unidos ya que éste es uno de los grandes consumidores del mundo y es el productor de los artículos <u>más modernos y deseados</u> en todas las ramas de la industria como equipos y maquinaria de todas clases, y constantemente está mejorándolos e <u>innovándolos.</u> Todo los paises del mundo los buscan y los compran de ellos.

En éste país los ciudadanos gozan de un nivel de vida muy superior a los de la mayor parte de los paises del mundo, y ésto sucede gracias en gran parte a ésta simple razón: Estados Unidos produce la mejor maquinaria y la más <u>avanzada tecnología,</u> misma que continúa mejorando e <u>innovando,</u> y tiene al <u>mundo entero</u> como sus <u>clientes</u> comprándola y pagando precios que dán lo suficiente como para compensar a sus trabajadores con un buen sueldo, es por ésto que el <u>nivel de vida</u> de sus ciudadanos es de los <u>más altos</u> en el mundo.

Ésta <u>ventaja</u> sobre otros paises, la <u>gozan</u> pero la **cuidan,** con ella captan enormes cantidades de ventas a todos los paises, especialmente a los paises pobres o que no producen maquinaria y otros que necesitan y que la pueden obtener en Estados Unidos, y en éste caso el país pobre tiene que venderles algún producto para obtener los dólares, y es obvio y sabido para ellos que ésos <u>dólares regresarán a Estados Unidos</u> algún dia a cambio de productos que otros paises necesiten, y al regresar <u>producirán</u> <u>empleos</u> invariablemente.

Ésta estrategia es la de <u>doble gancho,</u> pues no sólo ofrece productos deseables, sino que previamente entregó al posible cliente, los dólares con los que puede comprar de ellos, dado que Estados Unidos <u>sólo recibe su propia</u> moneda en comercio con otros paises.

En la <u>conquista por el comercio mundial,</u> Estados Unidos no se detiene aquí, sino que vá luego a muchos otros paises y establece fábricas o lo que en un tiempo le llamaran maquiladoras, pagando por el servicio con sueldos muy bajos, no sólo paga el trabajo de producción muy bajo, sino que cuando los dólares que pagó, <u>regresan</u> a su país, éstos <u>producen empleos invariablemente.</u>

Cuando Estados Unidos entrega dinero <u>alrededor</u> del mundo, muchas veces a cambio de productos o de servicios y en otras ocasiones como <u>regalo,</u> lo hace con plena conciencia de que regresarán algún dia a crear empleos en su propio país, perdiendo con ésta estrategia <u>ni un solo centavo.</u>

En muchos paises ellos rentan terrenos donde establece bases militares y al pagar, lo hace con dólares que son gustosamente aceptados en cualquier país, con éste acto asegura el comercio para su país en el futuro.

En las bases militares alrededor del mundo tiene una gran cantidad de soldados que son pagados en dólares, quienes usan una buena parte en compras o diversión en el país donde están estacionádos, aumentando así la cantidad de dólares en otros paises, que luego regresarán un dia a producir más empleos.

Estados Unidos también extiende ayuda foránea en forma de miles de millones de dólares a algunos paises, por diferentes razones, y nuevamente, con ésto aumenta la cantidad de dólares que regresarán más tarde a producir empleos.

Ojo pues, el dinero aun cuando es regalado produce empleos invariablemente.

Toda esta actividad financiera de Estados Unidos en la que ejecuta acciones que parecen irresponsables e irracionales como regalar miles de millones de dólares a otro paises, no lo son, sino que son estrategias bien planeadas, a sabiendas que al final ésos dólares regresarán a producir empleos, alimentando así su economía nacional.

Los paises recipientes también se benefician, pues pueden adquirir equipo y otros productos de Estados Unidos o de otros paises incluyendo cualquier tipo de productos lo mismo que comestibles que ellos mismos no produzcan.

Otro caso es el que sucede cuando los Estados Unidos directamente o por medio de los bancos mundiales o Interamericano deciden perdonar deudas de paises pobres, éste acto no les hace perder nada, pues ya hubo el beneficio de los empleos que se crearon cuando se estableció la deuda por los productos adquiridos, ésto es pago suficiente, pues hasta sus dólares regresaron a su país y al perdonar no pierden absolutamente nada, pues nada les costó producir los dólares que supuestmente prestaron, y que regresaron inmediatamente al tiempo de la compra, mas el beneficio de los empleos creados con dicha compra.

Al expresárnos en ésta forma dá la impresión que fueran éstas ideas a favor de los paises pobres, y estamos seguros que así es, pues en el campo comercial, la ventaja se inclina a favor de los Estados Unidos, cuando no acepta la moneda de los paises pobres y exije que las transacciones ocurran en dólares que ellos mismos producen y que los paises pobres no tienen, son pues transacciones con ventaja doble, tienen los productos y tienen los dólares y no comercian en otra forma, pero el problema es, que tienen derecho a hacerlo mientras ellos tengan los mejores productos del mundo; Y lo hacen.

Podrían los paises pobres hacer lo mismo?. Ciertamente nó en el comercio internacional, pero absolutamente afirmativo y aconsejable hacerlo dentro de su propio país.

Ésto yá lo aconsejamos anteriormente, pero volvemos a presentarlo, ofreciendo como ejemplo las acciones de otro país más adelantado , cuando ellos mismos <u>regalan cantidades</u> de dinero a sus ciudadanos y miles de millones a otros paises y <u>perdonan deudas</u> de millones de dólares a otros paises más, <u>sin perder</u> con ello un solo centavo.

Paises pobres pueden hacer lo mismo con sus ciudadanos, regalándoles sumas de dinero y otros beneficios, pues el dinero le cuesta al gobierno, lo mismo que al gobierno Americano le cuestan sus dólares, y aceleran su economía.

Nosotros creémos que éstos actos son dignos de copiarse al menos en el ámbito nacional de cada país, pues sólo traerá beneficio a la economía y a la nación y al país.

Regresamos ahora al problema en el cual nuestra moneda no es aceptada mundialmente en comercio con lo que sería posible aumentar empleos y mejorar economías y el nivel de vida nacional; Pero queda aún la oportunidad de hacer lo mismo dentro de cada país propio, para aumentar igualmente los empleos y acelerar la economía y mejorar el nivel de vida, ésta sin duda es acción afirmativa, positiva y absolutamente recomendable.

<u>Queda pues a discreción</u> de aquellos, quienes dentro de los gobiernos pueden decidir acciones como las que les presentamos, que son desde entregar sumas de dinero a sus ciudadanos para facilitarles la vida y mejorar su posición, como entregar o distribuir cupones para el alimento y vestido al más necesitado, a sabiendas de que no es un despilfarro, ni un gasto irresponsable, sino una inversión probada y comprobada

por el país más rico del mundo como lo acabamos de ver, las pruebas son irrefutables.

En lo que acabamos de considerar acerca de los beneficios que los Estados Unidos obtiene en el comercio mundial, el cual sobrepasa muchas veces cualquier beneficio que los paises pobres obtienen en el mismo intercambio.

Ésto se debe a su gran y codiciada productividad y la calidad de sus productos, sin embargo a pesar de tener ésta gran ventaja, ellos han ido mucho más allá de la producción y el comercio, pues se han extendido al uso de tácticas económicas y financieras en la inversión de su moneda, usando precisamente su ventaja productiva y su calidad, para demandar del mundo que al comprar sus productos éstos séan pagados con dólares que Estados Unidos produce y que los paises compradores no tienen, y para adquirirlos tienen que convertirse primero en sus proveedores, usualmente de productos que no requieren tecnología elevada, como frutas y legumbres, pero tambien proveedores de productos que son de "absoluta" necesidad para ellos, como el petróleo.

Con ésto me permito pesentarles la escena donde Estados Unidos deriva beneficio en forma no doble sino triple, y ésta ocurre en el comercio del petróleo, que es un producto como dijimos " de absoluta " necesidad para éste país, si no pudiera obtenerlo, su economía se derrumbaría al grado de perder fácilmente hasta el 50% de su posición económica, convirtiéndose la falta del petróleo en una deficiencia mayor y catastrófica, al menos temporalmente por el tiempo que le tomara encontrar el producto o un combustible alterno en su propio territorio, que serían años.

Ahora bien, cuando Estados Unidos obtiene petróleo de otras naciones, éste satisface una necesidad primordial, una necesidad crucial, una necesidad crítica, una necesidad decisiva para su economía, sin el cual su economía desaceleraría al grado de crear una depresión doblemente devastadora en comparación a la que tuvo en 1929, que destruyó muchas de las industrias de ése tiempo y envió a la mitad de su fuerza laboral al desempleo.

El comercio de Estados Unidos con otros paises en artículos de uso personal de vestir y comestibles en los que figura el tomate, lechuga, Uva y durazno de Chile que yo mismo hé comprado en los comercios, los mangos, el plátano y cientos más, aún así, son pequeñas en importancia al comercio del petróleo, aún cuando el comercio de los comestibles y textiles genera una buena cantidad de dólares para los paises proveedores.

Podría suceder que en cualquier momento Estados Unidos decidiera poner en producción treinta o cuarenta millones de acres para satifacer sus necesidades de productos que actualmente importa, pues tiene el terreno, la maquinaria, la tecnología y la experiencia de más de **10,000** agricultores que están en módulo de baja producción con sueldos garantizados de hasta **$80,000** dólares anuales con el propósito de dar oportunidad a la importación de otros paises con la idea de distribuir más dólares en el ámbito mundial, mismos que regresarán luego a ser canjeados por sus productos, creando con ello más empleos y por último, tienen el capital para hacerlo, garantizado por el gobierno, todo el dinero que séa necesario para poner a producir todos ésos millones de acres.

Y ésto, no hay duda que lo puede hacer.

Pero cando tocamos el comercio del petróleo, éste producto es el que no podría producirlo hoy en dia, en la cantidad que necesita si llegaran a faltarle los proveedores foráneos.

Es por éllo que todo su comercio de importación, es menor en importancia frente al comercio del petróleo que es de absoluta necesidad para Estados Unidos. El hecho de que

 pueda adquirirlo, lo consideramos como su **primer beneficio** y quizá el mayor y por encima del beneficio que los paises proveedores derivan con su venta.

El **segundo beneficio** es el gran beneficio de poder pagar con su propia moneda.

El **tercer beneficio** es el que ocurre cuando todos ésos dólares que entregó alrededor del mundo vuelven a Estados Unidos a producir infinidad de empleos en la manufactura de los productos que los paises proveedores regresan a comprar con los dólares recibidos por su petróleo.

Usando ésta tactica en el comercio mundial, todos los paises del mundo son proveedores de hecho y potenciales de los Estados Unidos, mismos que terminan luego siendo también sus clientes cuando en uno o veinte años regresan a cambiar los dólares recibidos por productos que necesitan y que de paso a Estados Unidos le producen empleos.

El mundo entero es su campo de acción comercial y ellos lo usan para su ventaja en un 100%, Felicitaciones, pues es una tactica a copiar o simular o al menos asimilarla para uso en algún proyecto en el futuro.

Volviendo nuevamente al punto, encontramos que ésa gran ventaja se deriva my especialmente en el uso de su propia moneda en todas sus transacciones, ventaja que paises pobres no tienen.

Sin embargo más adelante presentarémos un proyecto con el cual se podría evitar o evadir o vencer éste obstáculo y obtener beneficios semejantes y quizá mayores.

Estados Unidos **regala** miles de millones de dólares al año, y puede regalar muchos miles de millones más sin detrimento a su economía, a sabiendas que al regresar ésos dólares producirán miles y millones de empleos, lo que resulta igualmente en una acción a su favor.

Todas éstas estrategias y tácticas usadas por Estados Unidos en el comercio mundial y en su comercio interno para acelerar su economía, son todas válidas y producen resultados dificil de ignorar, y las presentamos y explicamos aquí con el propósito de que si alguna nación puede usar al menos una de éstas tácticas, de aquí la puede copiar.

Veámos ahora, si en un país pobre, el gobierno decide regalar una cantidad equivalente a <u>300 dólares</u> o más, dos veces al año a sus ciudadanos; Ustedes creen que sería para beneficio o detrimento de la economía nacional?.

La respuesta ya la han dado los Estados Unidos, y nosotros también la entendemos y es: que éste acto <u>traería beneficio inmediato al ciudadano</u> y a la economía del país.

Un punto muy importante en el caso de repartición de bonos o beneficios como el ejemplo anterior.

Éste es, que el país donde ocurra ésta repartición de dinero, tenga una base fuerte de <u>producción de alimentos y textiles</u> pues sería contraproducente que el total o la mayor parte de ése dinero se empleara en la compra de éstos productos importados de otro país, en éste caso el mayor benficiado sería el país donde todos esos productos son actualmente producidos, y aunque el ciudadano sí resulta beneficiado, la economía de su país nó.

A los paises pobres y muchas veces también a paises en buena posición económica, <u>no les conviene endeudarse en dólares,</u> pues es luego difícil obtenerlos para pagarlos incluyendo intereses gravados, ya hay algunos paises que han hecho ésto y los resultados han sido casi funestos.

En éstos estudios encontraremos la forma de poder comerciar usando nuestra propia moneda, o más bien, que nuestra moneda séa aceptada en cambio directo por productos y servicios.

Ésto no sucederá en una forma inmediata, pero sucederá en un futuro no muy lejano.

MONEDA DE ACEPTACIÓN MUNDIAL

Yá establecimos anteriormente que la moneda que tiene mayor aceptación alrededor del mundo es el dólar, pero enseguida explicarémos la razón y el porqué de ésto.

Existen otras monedas como son los Euros en paises de Europa y la Libra Esterlina de Inglaterra lo mismo que el dólar Australiano y Canadiense y el Yuan de China, sin embargo éstos últimos son aceptados en el comercio mundial en menor grado.

El Euro se usa en un conjunto de paises Europeos, pero hasta el momento no se considera de aceptación mundial y es poco el comercio que éste genera fuera de los paises que lo usan y sostienen.

El Dólar, deriva su poder y aceptación, en y de la gran variedad de productos y su constante renovación e innovación, los cuales son buscados por todos los paises del mundo.

Ésto es precisamente lo que dá valor al dólar y por lo que el resto del mundo los busca, es más, muchos comercian entre sí con dólares, por su fuerza en ésta area, que les dá tremenda liquidéz en el comercio internacional y mundial.

Existen instituciones de cambio de moneda que trabajan nacionalmente y mundialmente, donde se puede adquirir moneda de otros paises. Si necesita dólares, allí los puede adquirir. Éstas centrales o negocios de cambio, trabajan usando las entradas de dólares y otras monedas de una multitud de individuos y empresas que los ofrecen en venta, y otros que los buscan para comprarlos, nacionalmente o Internacionalmente.

Pero moneda de paises pobres no creémos que séan ofrecidas o aceptadas por éstas instituciones.

Las Revistas financieras ofrecen cotizaciones de cambio de las diferentes monedas que son aceptadas para intercambio por éstas instituciones.

Pero repetimos nuevamente: La moneda de paises pobres no es aceptada directamente a cambio de productos en Estados Unidos.

= = = = = = = = = =

Enseguida se ofrecen un par de pensamientos dirigidos al lector, en caso que éste curso se determine ofrecerlo como un libro al público y nó como un curso de eseñanza dirigido a representantes de gobierno de los paises pobres del mundo.

El primero se refiere al Dinero y es un pensamiento que muy posiblemente cualquier dirigente Gubernamental lo conozca pero que no se discute públicamente; Aquí se lo presentamos como una nueva forma de ver las cosas.

El dinero actualmente se produce por medio de impresión o impresos y la moneda por lo que le llaman el "Cuño" y por aprobación de los Senados y Congresos de cada Nación, El costo, incluye materiales como papel y tinta lo mismo que metales en caso de monedas, mas los sueldos de los que lo producen y cierto porcentage de amortización de la maquinaria que se emplea; Pero todos éstos gastos se cubren o se pagan con el mismo dinero que se produce, El costo final es CERO, o bien, Nulo.

Éstos resultados se antojan casi Mágicos: Primero no hay nada, y de pronto con un poco de trabajo, aparecen miles de millones y su costo final es Cero, Nada, Nil, Zilch, Nothing.

Luego existe otra forma que es la de Transferencias y Depósitos electrónicos, por medio de los cuales, los Gobiernos ejecutan un depósito de cientos o miles de millones en el Banco Central del gobierno o la banca nacional el que se le acredita como resultado de ése mandato, pero no se sigue con el depósito de los billetes producidos gratis, sino que en caso de necesitarse, se usa la moneda que yá está en circulación.

Ésto sí es acto de Mágia, sólo que es legal y permitido, pues el mismo gobierno se lo permite. - Éste fué sólo un pensamiento para el lector, pues no creo que si usted me está escuchando, esté muy conforme con ésta pequeña presentación, aunque para mí y para el lector séa un gran descubrimiento.

Sin embargo, cada cierto tiempo se hacen depósitos de dinero real en la banca, pues aún es usado en gran parte de paises con servicios electronicos reducidos lo mismo que en paises adelantados donde también es usado por una gran parte de la población; y al hacer éstos depósitos se dice que se está añadiendo liquidéz a la economía.

Ahora bien, a ésta forma moderna de negociar y comerciar se le empieza a llamar "forma Virtual" es decir: no hay cambio real de dinero, o bien: no hay la entrega de billetes y moneda real en éstas transacciones, sino que se usa sólo el acreditar a la cuenta o cargar a la cuenta, séa ésta la cuenta de crédito o cuenta de fondos en el banco. Conforme el tiempo transcurre o pasa, el uso de deducciones y creditos a su cuenta se hacen más communes y toman cada vez más, el lugar de las transacciones reales donde se usa dinero real en cada una; Así pues, a éste Nuevo sistema de créditos y cargos electrónicos se le llama de transacciones " virtuales" pues se usan depósitos y cargos "virtuales", y por ésta razón los depósitos a los que nos referimos anteriormente, ordenados por el gobierno son igualmente: **"virtuales".**

El segundo pensamiento se refiere a los diferentes sistemas politicos de paises donde se pueden aplicar todos éstos conocimientos.

Cualquier país no importa qué sistema de gobierno o política tenga, puede usar todas las ideas de éste curso para beneficio de su Nación, incluyendo Gobiernos Teocráticos o Religiosos, Comunísticos, Democráticos, Reinados, Imperios, Tribales o de Tribus, Dictaduras, en fin, cualquier sistema se beneficia de nuestras ideas si las pone en uso.

Mi única recomendación es: Tener cuidado de no tolerar la inactividad física o mental del ciudadano, sino por el contrario, <u>premiar al activo y al emprendedor,</u> en todo lo que es trabajo físico y mental. <u>Y reconocerlo y buscarlo</u> y ayudarlo en todos sus emprendimientos. Ésta es una parte muy principal en el camino al progreso continuo y duradero.

ENGRANDECIMIENTO
RIQUEZA Y PODER

Éstas tres palabras contienen el <u>secreto del éxito</u> que Estados Unidos ha tenido durante casi **doscientos años** desde empezar su revolución industrial en los 1,800tos, hasta el presente.

En el principio fuéron una série de **inventos** que vinieron a cambiar el modo de vivir de la nación en Estados Unidos, <u>mejorándolo</u> con cada uno de ellos. Electricidad, el foco, Telégrafo, Teléfono, Locomotoras, todas éstas pusieron en marcha la aceleración del comercio expandiéndolo por todo el país.

El telégrafo logró agilizar la comunicación y aumentó el comercio con su uso, para hacer o aceptar ofertas mercantiles creando con ello nuevos empleos. La agricultura y minería experimentaron un auge debido a la nueva facilidad de transportar sus productos de regiones anteriormente accesibles sólo por bestias de carga, gracias a la invención de las **Locomotoras.** Más tarde todas las industrias usaron el nuevo sistema de transporte para mover sus productos.

El teléfono vino a acelerar aún más la comunicación y aceleró la economía en la misma forma, y éste se ha modernizado al grado de usarse para tomar fotos y enviarlas a otro teléfono, enviar mensajes de texto, grabar conversaciones y música, yá no sólo para llamadas.

En materia de maquinaria, tenemos la <u>invención</u> de los **tractores** de servicio agrícola y todos sus componentes, luego el **automovil,** el primero rindió y rinde todavía al campo muchas veces el trabajo que una persona con la ayuda de animales podía completar en un día. El automóvil que aumentó enormemente los empleos y la economía del pais y nos dá el servicio de la movilidad personal y en conjunto, que nos lleva y trae a nuestros trabajos, lo mismo que para servicio recreacional. Éste se amplió más tarde al servicio de transporte de productos y es ahora el preferido de la industria y el comercio para transportar muchos de sus productos.

Vino también el **Radio** que dió empleo y esperanza a miles y deleitó a millones en sus mejores tiempos.

Luego se <u>inventó</u> el **Aereoplano** que se usa en el transporte rápido civil y militar, éste se ha <u>innovado</u> transformándose en el transporte internacional y mundial y en el uso militar con habilidad de portar armamento destructivo que dá ventaja a quien los <u>fabrique y los poséa.</u>

En el campo militar se inventaron los cañones, los cohetes o misiles, las ametralladoras y fusiles de alto poder, los satélites que se usan en la comunicación, el entretenimiento y dá facilidad de localizar individuos o vehículos o concentraciones metálicas y otros objetos de interés.

Los tanques de guerra, cada dia más destructivos y menos vulnerables, Los barcos destructores o **Destroyers,** Los enormes **barcos plataforma** en los que acomodan desde 10 hasta cincuenta o cien aviones de guerra, a los que llevan alrededor del mundo donde son usados para atacar, luego los elegantes barcos de pasajeros usados en el turismo, Los submarinos que viven bajo el agua y cruzan los mares de nuestro planeta.

La vivienda se modernizó y se inventaron los aparatos de refrigeración, las estufas eléctricas o de gas que se integraron dentro de la misma vivienda, luego se inventó la **calefacción** ambiental dentro de las viviendas en lo que se incluye la **refrigeración central;** Más tarde se **inventó la televisión y computadoras** y el internet, la bomba atómica y el uso de ésa tecnología para producir electricidad. Cámaras fotográficas modernas, los I Pods y otros miles de productos que los Estados Unidos producen y ofrecen al mundo entero.

Pero todo ésto **no se creó en un año,** o en dos o en diez, sino que ha tomado todos ésos doscientos años en el pasado y seguirá de frente por miles de años más en el futuro.

Todo éste adelanto obtenido por los Estados Unidos, es un **logro incomparable** en todo el mundo, pero nó sucedió porque sí, éstas cosas no empezaron a producirse sólo porque alguien dijo: vamos a hacer locomotoras o autos o radios o aereoplanos o televisores.

No, la cosa no es así, sino que fué y es el producto de la imaginación y la invención, y cada producto y las cien o mil partes que forman un producto, tuvo y tienen que ser pensadas y figuradas y ésto toma tiempo, cada producto tomó miles o millones de horas de investigación y experimentación por una o por cientos o miles de personas dedicadas a encontrar un aparato o sistema para mejorar la vida o la forma de vivir de las personas un poco más cada vez.

Éstos individuos, muchas veces dedicaron **toda su vida** trabajando en un proyecto que al final se convirtió en un teléfono, un radio, una locomotora, un automovil, un televisor, una computadora, un avión y en los mil y mil productos nuevos que nos ayudan a vivir una **vida más confortable.**

Repito: no fué sólo una persona quien hizo todo, sino miles y miles y millones los que han contribuido a traernos todos ésos productos para nuestro beneficio y del mundo entero.

Lo más importante quizá, en todos éstos lógros y esfuerzos, fué y lo es todavía, el interés y la importancia que el gobierno le dió y le dá a la Invención, pues todos los productos que hoy tenemos y miles que vendrán, serán creados o encontrados por las mentes y los cerebros de las personas dedicadas y dotadas del espíritu de la búsqueda y de **la invención y la innovación,**

El gobierno de los Estados Unidos supo atraer las mejores mentes y cerebros del mundo para que **inventaran e innovaran** para ellos, y lo consiguió porque los trató con respeto, dignidad y reconocimiento, y les remuneró y remunera en forma muy generosa.

Actualmente muchas empresas hacen lo mismo, buscando y empleando personas inventivas y personas innovadoras; Es común oir hablar del **Director de innovación** en muchas empresas, pues de ellos obtienen grandes resultados. Éstas Empresas han aprendido de su gobierno.

Toda ésa atencion y ayuda al **inventor** y al **innovador** y personas con cerebros capaces de desarrollar nuevas ideas y nuevos procesos, ha pagado al mil por uno, pues una vez llevadas todas sus ideas a la práctica, nos han dado productos más avanzados, nos han hecho nuestra vida más cómoda y nos han ayudado a hacer nuestras tareas mejor o más rápido, reduciendo así el costo de los productos que consumimos, y todo finalmente, para beneficio nuestro.

Los resultados de toda esa atención y consideración los podemos ver en los Estados Unidos, son **resultados claros y a la vista.**

Éste es el secreto a la vista, más grande que esconde la razón del progreso de Estados Unidos, y que le seguirá rindiendo resultados por todo el tiempo que siga dándole la importancia que le merece y tiene.

Éste es el secreto a la vista por el cual le es posible a los Estados Unidos usar su moneda en todo el mundo, pues los productos originados de él, son la envidia y el deseo de todos los paises.

Éste es el secreto a la vista, por el cual su economía es la más rica en el mundo.

Éste es el secreto a la vista por el que sus ciudadanos gozan de un nivel de vida más alto en el mundo.

Éste es el secreto a la vista por cual es el país más poderoso en el mundo, sus armas son las mejores y están siendo mejoradas continuamente.

Muchos paises se quejan de que Estados Unidos no comparte su tecnologia y esperan recibirla en forma de regalo, ésto no creemos que suceda algún dia, pues todos éstos conocimientos y sus inventos tienen un costo y un valor muy elevado, sin embargo, sí es accesible pero a un precio, sin duda.

Ésta es pues, la razón del engrandecimiento y riqueza y poderío de Estados Unidos y de cualquier país que la adopte.

LA INVENCIÓN, LA INVENCIÓN Y LA INVENCIÓN

El dia que los paises pobres logren inventar nuevos productos, ellos serán igualmente ricos y poderosos, <u>más nuevos inventos, más ricos y más poderosos,</u> y sus economías mejorarán en el mismo grado, no hay porqué dudarlo, la muestra la tenemos frente a nuestros ojos en los Estados Unidos del Norte.

Invención trae progreso real y duradero y engrandece a las naciones y les dá riqueza y poder.

Nuevamente: La Tecnología y la invención no se comparten gratuitamente, éstas cuestan enormemente producirlas, y si las queremos tener, debemos estar preparados a pagar por ellas en la misma magnitud o quizá mayor, pues éstas ya están probadas y comprobadas y puestas en acción previamente, y son las que nos dan o darán los nuevos productos y crearán un gran número de empleos por tiempo ilimitado y abrirán el camino al progreso real y duradero.

Para darnos una idea de su costo les podemos decir que en las revistas financieras en Estados Unidos, frecuentemente publican ventas de industrias de muchos diferentes productos, y la mayoría que nosotros hemos visto, se cotizan desde Mil millones de dólares por industrias menores hasta veinte mil millones y más por industrias mayores, los precios reales se conocen sólo al solicitarlos y pueden ser diferentes, éstas cifras sirven unicamente para tener una idea de su costo.

- - - - - - - - -

En éstos dias hemos encontrado que los derechos de producción y plantas completas del automovil Chrysler, están en oferta para su venta, y se han recibido ofertas de $4,500 millones de dólares, es muy posible que se reciban otras más elevadas. Su precio final fué de 7.4 miles de millones de dólares por el 80.1 % de la compañia Chrysler.

Como ven pues, las inversiones iniciales son enormes, pero el beneficio es para siempre y genera una gran cantidad de empleos y no habrá ya la necesidad de obtener éstos productos de otros paises ocupando dólares que no se tienen para adquirirlos.

La inversión inicial sería en dólares, pero sólo una vez.

- - - - - - - - - - -

En temas anteriores les presentamos problemas económicos internos y <u>soluciones para resolverlos,</u> lo mismo que proyectos para <u>revivir y acelerar economías</u> nacionales y nos sentimos muy emocionados al pensar que muchas naciones se beneficiarán con éstos proyectos, sin embargo creémos que éste último tema, el de <u>la invención,</u> ocupa el mayor y más importante lugar en el camino al progreso, pues aunque la inversion fuerte de capital en proyectos para el beneficio público trae prosperidad interna y mejora y acelera las economías, sin embargo el país queda atrás en tecnología moderna.

Adoptando la decisión de introducir la **invención** y la **innovación** en sus presupuestos, el progreso real y duradero lo verán venir en poco tiempo y quedará con ustedes para siempre.

Por tanto pues, es de urgencia primordial, apoyar, asistir, favorecer, mantener y subsidiar **la invención y la innovación.**

Es preciso buscar éstas personas en cada uno de sus propios paises e <u>inculcar</u> a los niños en sus escuelas y en el ciudadano, <u>la invención y la innovación,</u> financiar y subsidiar sus proyectos y por último importar los <u>inventores</u> y los <u>innovadores</u> si no se encuentran en los paises de ustedes. **<u>Ésta es la solución.</u>**

La muestra de que todo lo que decimos es cierto y verdadero, está a la vista y al deseo en los Estados Unidos.

Las Escuelas pueden programar concursos anualmente, entre los estudiantes desde el 3er o 4to grado de la primaria, hasta la secundaria o prepatoria, basados en la mejor presentación de un bote o barco (pequeño) que pueda deslizarse en el agua la mayor distancia sin necesidad de combustible derivado de petroleo o alcohol, proyectos basados en Química, Física, La atracción y repulsion de los magnetos y otros muchos proyectos de exploración e innovación que se pueden encontrar a lo largo del año para presentárselos a los concursantes cada vez.

Ésto sin duda promovería la invención y la innovación.

- - - - - -

Antes de introducirlos a nuestra propuesta que quizá séa la más importante y más fascinante, nos tomaremos unos minutos para presentarles a ustedes una situación ideal para cualquier país, ésta se relaciona principalmente a la Inflación que es la causante del contínuo ascenso de precios y costo de vida en todas las naciones.

Para detener la inflación es recomendable siempre aumentar la producción de toda clase de comestibles lo mismo que la industria textilera y de todo aquello que el país produce, pero lo importante en ésto es aumentar la producción encontrando e introduciendo nuevos sistemas de producirlo, es decir tratar de doblar la producción de grano usando nuevos procedimientos, donde la misma area de terreno produzca el doble o el triple o diez veces lo que ahora produce, invirtiendo la misma cantidad de capital incluso empleados; En ésta forma, el costo de producción se reduciría en la mitad o a un tercio o a un décimo, con ésto, no sólo se detiene la inflación sino que se reduce a un crecimiento negativo, lo que ayuda a reducir la inflación en general.

Al tener una inflación negativa en éstos productos, luego otras industrias se benefician como la industria avícola, la que adquiriendo el grano a más bajo precio reportaría una inflación negativa igualmente, lo que dá la oportunidad de aumentar ésta industria como resultado de una mayor demanda, gracias a la baja de su precio, reduciendo con ello la inflación del país.

Igualmente, la industria de la engorda del ganado vacuno y porcino resultaría más barato, y se reduciría el precio de la carne. En éstas circunstancias, debe considerarse aumentar y crecer ésta industria, dado que aumentaría la demanda del producto una vez que los precios se encuentren más bajos. Lo mismo se puede decir de la producción de pastos y forrajes, que por su mayor abundancia su costo bajaría; En la misma forma, con una abundacia de granos usados como alimento para la población como el maíz, frijol, trigo, papa, legumbres,y todo tipo de grano, su precio bajaría para mayor beneficio nacional. La inflación crecería entonces negativamente, - 1%, -2%, etc.

En una nota muy personal, a mi me gustaría ver empezar y crecer la industria del Guajolote o pavo.

En Estados Unidos del Norte es una industria enorme que provee empleos a muchos miles de personas y éste producto se distribuye por todo el país, con ventas de hasta o más de mil millones de dólares anuales.

Ésta propuesta puede aplicarse igualmente a la pesca en escala personal, la que se puede aumentar ayudando al pescador con botes o barcos pequeños pero más modernos y mecanizados, lo que aumentaría la producción y bajaría los precios, y contribuiría a detener la inflación.

Luego, conviene estudiar otras ramas de la Industria para modernizarlas con el propósito de aumentar la producción en multiples, abaratando con ésto el precio de sus productos.

No olvidar, que para todo ésto se necesitan los expertos con conocimientos de procesos y tecnologías para el caso, y es preciso encontrarlos donde estén, aunque sea en el fin del mundo, pero encontrarlos y traerlos para que dirijan los trabajos y de paso para que enseñen sus conocimientos a ciudadanos del país donde se efectúa el proyecto, para que ellos más tarde tomen riendas del mismo.

En Estados Unidos se encuentran Ingenieros expertos en automación, ellos ayudan a automatizar industrias reduciendo con ello el costo de producción, aumentando en multiples las cantidades que la misma planta producía antes de ellos mejorarla.

Así mismo, las industrias de los textiles se pueden modernizar produciendo mayor cantidad a precios más bajos, con una materia prima más barata igualmente.

Para todo ésto es necesaria la participación de los gobiernos Federales o Centrales quienes subsidiarían las nuevas tecnologías lo mismo que el pago de los técnicos capacitados para aumentar la producción en cada industria.

Y por último y quizá más importante, Un control de precios, pues ya sabemos que el comerciante y productor lo mismo que el proveedor, viendo la oportunidad, aumentarían su participación de ganancias muy por encima de lo que se puede estimar justo, y con ello echarían por tierra los buenos resultados de un aumento en la producción y la reducción de costos.

Un proyecto de diez años usando éstas ideas y con un buen control de precios, se puede detener la inflación y se le puede mantener inmóvil por mucho tiempo si se está siempre vigilante.

La importación de productos podría aumentar costos, por lo que se aconseja usar en todo lo posible, productos propios del país, pero si fuera necesario importar una gran cantidad de productos, que pudieran causar el alza de precios en otros productos, debe entonces considerarse el **aumentar** el **valor de su moneda** en relación al país de donde se importan dichos productos que causan inflación.

Estados Unidos ejecuta éste movimiento de valor en el intercambio Internacional y reduce o baja el valor del dólar en relación a monedas de paises que producen poco y les quiere proteger, pues en éste caso la moneda de éstos paises como Inglaterra aumenta en comparación al dólar, con ésta ventaja ellos pueden comprar muchos más productos de Estados Unidos aún cuando su base productiva es mucho menor que la de muchos paises pobres; Pero en ésta táctica o estrategia, no sólo Inglaterra sale beneficiada, sino que también Los Estados Unidos, ya que al venderles mayores cantidades de productos, crean para éste país muchos más empleos. El bajar el valor de la moneda es para atraer más compradores por sus productos; El subir el valor de la moneda, se usa para aumentar el poder de adquirir productos de otros paises.

Ésta es una gran leccion de tácticas Comerciales y de Economía.

Quizá al momento no séa posible para un país pobre efectuar éste aumento de valor en la moneda, pero después de escuchar nuestra siguiente propuesta y si decide unirse a nuestro llamado, no sólo podrá aumentar el valor de su moneda propia, sino que se le requerirá que así lo haga durante el curso de dicho proyecto.

En el capítulo siguiente los introducirémos a nuestra propuesta para encontrar y obtener las tecnologias y los inventos y usarlos para el servicio de todos sin tener qué sacrificar todas sus riquezas, o como luego dicen:

Sin tener que vender el rancho.

= =

Antes de presentarles nuestra propuesta final, regresamos a hacer un recuento de las propuestas generadas en los temas ofrecidos en éstos estudios.

RECUENTO FINAL. Nuestra recomendaciones:

1.- **Aumentar la inversión** por los gobiernos Federales en sus economías, no proyectos de austeridad.

2.- Inversión en el **embellecimiento y limpieza** del país.

3.- **Subsidios** a los productores.

4.- Inversión en la **estructura pública.**

5.- Distribución de cupones para alimentos y vestido a los ciudadanos más pobres.

6.- Construcción y reconstrucción de la vivienda.

7.- Doblar y triplicar el presupuesto anual en proyectos de producción mayormente.

8.- Combatir la inflación controlando precios e incrementar la producción, especialmente la Agricultura.

9.- Regalar al ciudadano el equivalente de $300 dólares o más, dos veces al año.

10.- Subsidiar las ideas con mérito e importar personas con inteligencias privilegiadas e inventivas.

11.- Proteger, Apoyar, Subsidiar la invención en el país

e inculcar el espíritu inventivo en las escuelas.

12.- Paises pobres, No endeudarse en dólares.

13.- Establecer Graneros y centros de ayuda para asistir a

damnificados por dos años, en caso de catástrofe.

14.- Establecer oficinas para la Asistencia pública.

15.- No olvidar la Industria del Guajolote.

= = = = = = = =

Antes de entrar a nuestro tercer capítulo quiero ofrecerles un sueño personal que sería una gran realización para cada Nación y cada país. Éstas son las siguientes propuestas:

1.- Realineación de sepulcros en los panteones o Cementerios en todos los pueblos y ciudades de todos los paises.

Empezando por trazar una especie de lotificación con sus propias calles para caminar y suficientemente amplias como para que un automovil o carrosa pueda transitar. Cada lote tendría su número y al ocuparse se asentaría el Número de lote y el lugar exacto donde se encuentra dicho lote, mas el nombre del ocupante y fecha y cualquier otro pertinente, ésto facilitaría encontrar los restos de alguna persona en el futuro en forma más fácil.

La creación de un mapa con los Lotes y sus números facilita aún más todavía su identificación.

Yo personalmente he pasado frente a tumbas que ya no tienen ninguna leyenda que las identifique y estoy seguro que después de algunos años que no visito el cementerio de mi pueblo, quizá ninguna señal exista de que alguien o que algún cadaver yace en ése lugar, Y francamente me dá tristeza no poder reconocer o identificar a nuestros antepasados. Pero creo que aún es tiempo de hacer algo al respecto.

Al implementarse ésta forma de lotificación, sería un gran logro el que todos los lotes ahora ocupados, fueran asignados con su número y nombre de la persona y todos los datos posibles para incorporarlos al nuevo sistema.

2.- Lenguages, Dialectos. En todos los paises existen muchos dialectos que se hablaron en el pasado en cada región de lo que ahora es un país.

Se sabe que son muchos los que existieron y que de todos quizá algunos de ellos se han perdido al pasar de los años.

Es importante a mi juicio, no olvidarnos de nuestras raices, y un gran proyecto sería investigar cada dialecto y formular luego un texto de cada uno, explicando sus sonidos, significados y quizá sus reglas gramaticales, con el intento principal de conservar su existencia al menos en los libros, pues no sabemos si algún dia regresaremos a esos tiempos.

Como ven ustedes, éstos dos proyectos que yo considero como importantes para cada país, quizá lo séan sólo para mí.

Sin embargo, invertir en catalogar e implementar una <u>forma ordenada de reconocer,</u> localizar e identificar los restos de nuestros antepasados, lo mismo que la investigación y conservación de nuestros dialectos que están en uso y otros que hayan desaparecido o estén fuera de uso, sería un proyecto de gran magnitud y gran dificultad, sólo que un proyecto como el indicado demanda una inversion de capital y una dedicación de muchos años, pero éstas inversiones no son en vano sino que producen empleos y nos dan un sentido de logro y realización, dándonos y dejándonos un <u>sistema ordenado</u> del mantenimiento de datos precisos sobre nuestros familiares y amigos o antepasados y su forma de hablar antes de adoptar la forma presente.

Pues todas ésos dialectos son ricos en conocimientos y expresión y para obtenerlos tomó miles de años de trabajo y dedicación a personas muy sabias e inteligentes.

<u>No les vino como regalo de cielo,</u> y si algún otro cambio o beneficio se obtiene en el futuro, tampoco vendrá de allá, sino que será o serán los resultados de la dedicación y trabajo de nosotros mismos. **<u>Indudablemente y absolutamente probable.</u>**

C A P I T U L O

III

ALIANZA PARA EL PROGRESO
INTRODUCCIÓN DE INDUSTRIAS
U N A   N U E V A   M O N E D A
(O R O)

ALIANZA PARA EL PROGRESO

Presentamos ahora nuestra propuesta más importante. La de formar una **Alianza** de paises con el sólo propósito de trabajar en obtener el progreso, un progreso permanente y duradero, un progreso que ayude a todos los paises miembros a establecer en sus paises una base industrial suficiente para satisfacer sus necesides propias, reduciendo en ésta forma la dependencia en otros paises industrializados que no aceptan nuestra moneda a cambio de sus productos.

Ésta Alianza es **La alianza para el Progreso,** Sus planes comprenden la asistencia intelectual en la aplicación de todas las recomendaciones de proyectos ofrecidos en éstos estudios, que puéstos en práctica producen empleos y aceleran economías.

Culmina luego con la introducción del gran proyecto que transforma a los paises miembros en paises ricos y prósperos con una variedad de industrias que existen actualmente en todo el mundo.

Éste plan es el de buscar y adquirir todo tipo de Industrias incluyendo todos los derechos de producción y patentes, para luego traerlas y hacerlas disponibles a todos los paises de la Alianza, quienes indicarán aquellas que deseen establecer en su país sin costo alguno adicional, usando únicamente las cuotas anuales.

Se obtendrán una o más Industrias a la vez, conforme al capital disponible.

Cada país en el que se instale una Industria será responsable por todos los gastos que ocurran al establecerla, como son: Terreno, Contratos de construcción, Materiales, sueldos y el total de gastos que surjan en la formación de dicha industria.

La Alianza estará dirigida por un <u>Presidente,</u> un <u>Secretario,</u> un <u>Tesorero</u> y diez (10) <u>Directores,</u> y se llamará la <u>Directiva de la Alianza.</u> Las obligaciones y derechos del Presidente, Secretario y Tesorero serán delineadas y establecidas en ordenatos separados e individuales, y podrán cambiar si es necesario.

Los Directores, serán consejeros al Presidente y con su voto decidirán las industrias a obtener por la Alianza y fungirán como **Directores Generales** de una o más industrias.

Cada Director deberá ser perito, Técnico o Ingeniero en alguna rama de la industria y tendrá a su cargo establecer dicha industria en los diferentes paises que lo soliciten.

El Presidente, Secretario y Tesorero podrán emplear personal de oficina y expertos Industriales, finanzas y economía y todo el personal necesario para dirigir y controlar todos los proyectos que se estén llevando a cabo en los paises miembros.

El presidente de la Alianza negociará su propio sueldo con los representantes de la mayoría de los paises miembros.

Los sueldos del Secretario y Tesorero serán negociados y aprobados por el Presidente de la alianza.

Los Directores tendrán <u>Sub-Directores</u> quienes dirigirán cada proyecto en cada país.

Los sueldos de los Directores serán negociados y aprobados por el Presidente de la Alianza.

Los sueldos de los Sub-Directores serán negociados por el Presidente de la Alianza y el Director de cada Industria.

Si un proyecto se está estableciendo en más de un país al mismo tiempo, el Director a cargo de ésa industria podrá nombrar más Sub- Directores para cubrir cada proyecto, y éstos deberán ser igualmente conocedores de la industria a establecer.

Los sueldos de la directiva de la Alianza serán pagados de las cuotas recibidas de los paises miembros.

La Directiva de ésta Alianza asegurará y pagará por los derechos totales de producción de las industrias escogidas y las hará accesibles a todos los paises miembros usando el capital obtenido de las cuotas iniciales y anuales de los paises miembros.

Los paises miembros, tendrán la oportunidad de escoger y pedir la industria que esté disponible para establecerla en su país con la guia de los Sub-Directores, cuyos sueldos serán negociados y establecidos por la Directiva de la Alianza, pero pagados por el país donde esté trabajando.

Cuando un Sub-Director no esté trabajando en algún proyecto su sueldo será pagado directamente por la Directiva de la Alianza de los fondos en posesión.

Considerando que con la aportación de las cuotas de todos los paises miembros, los costos de obtener cada industria serán menos onerosos para cada país, cuando se cuenta con una participación multinacional.

Si un país sólo, quisiera obtener todas o aún parte de las industrias existentes en el mundo, le sería casi imposible, y más imposible hacerlo en un lapso de tiempo igual al que los paises en conjunto pueden hacerlo.

La Alianza para el progreso programará sesiones regulares cada año con fechas a establecer.

Tendrá igualmente sesiones Especiales cuando séan solicitadas por la Directiva de la Alianza . Cualquier país miembro puede solicitar por medio de la Directiva, una sesión Especial, la cual decidirá si el caso lo amerita.

Al formarse ésta Alianza se hará por medio de un convenio mediante el cual cada país se compromete a pagar una cuota inicial y luego la misma anualmente; Las cantidades obtenidas, como yá se indicó, serán usadas para buscar y obtener tecnologias e industrias alrededor del mundo, las que se traerán y se ofrecerán a los paises miembros y se establecerán en ellos conforme cada país lo solicite, con el único objetivo de producir aquellos productos que actualmente se importan de paises ricos e industrializados, que por lo general no aceptan la moneda de los paises miembros de la alianza.

Éstas cuotas, pagarán igualmente por la búsqueda y la importación de talento o personal con experiencia en cada industria que se obtenga, quienes se encargarán de formarla y establecerla hasta el punto de producción y por más tiempo si el país mismo lo pide. pues su sueldo será pagado por el país donde esté empleado.

Ésta persona, que puede ser Ingeniero o perito en la materia, tendrá en sus manos el instruir a nuevos técnicos del país, quienes lo reemplazarán cuando termine su contrato.

Cada país pagará por los sueldos y salarios del personal que la Alianza le proporcione, lo mismo que el costo completo de construcción y establecimiento completo de la industria escogida, la cual quedará luego como Propiedad Nacional de ése país en manos del Gobierno.

Ahora bien: Tenemos dos propuestas para designar propiedad definitiva de éstas industrias.

PRIMERA: Se recomienda séan ofrecidas a grupos de empresarios quienes pagarán el total del costo sin intereses gravados, en un término de 100 años y podrán vender la industria después de un número de años y pagar el total de la deuda con el dinero recibido en la venta, quedando entonces como Propiedad Nacional en manos de una Empresa Privada.

Los pagos mensuales o totales podrán hacerse a las oficinas del gobierno central, como oficinas de hacienda o bien a los Estados o a las ciudades donde están localizadas, aquí se pueden utilizar para mejoras públicas en ése lugar o región.

SEGUNDA: Que el mismo grupo de Empresarios, una vez que hayan tomado posesión total de la Industria, y habiéndose hecho responsable del pago total de la misma, se les asesore para que se constituyan o formen una Corporación, con el objeto de obtener suficientes fondos para pagar la deuda totalmente y al mismo tiempo, asegurar fondos para operar sin problemas financieros por tres (3) años, o más.

En ésta forma, la industria queda como Propiedad Nacional en manos del Público.

La decisión queda en manos del gobierno del país donde está localizada dicha industria. Éstas son sólo recomendaciónes.

En paralelo, con el establecimiento de industrias en los paises miembros, se formarán **Centros de Investigación** para cada ramo de las industrias obtenidas, con el propósito de buscar la **invención e innovación** de productos para cada industria.

Éstos centros podrán multiplicarse y establecerse en los paises que lo soliciten, pricipalmente en aquellos que hayan instalado la industria pertinente.

El personal especializado para dirijir y trabajar en éstos centros de investigación será encontrado y contratado por la Directiva de la Alianza, la que reclutará Científicos, Ingenieros y Tecnólogos con conocimientos y experiencia en las industrias obtenidas, negociará sus sueldos y el país que los emplee, los pagará.

Al reclutar el personal especializado, tanto para dirigir las Industrias como para los centros de Investigación, se buscará primero en los paises miembros y luego se buscará igualmente en otros paises del mundo, con el objeto de contratar los mejores científicos, los mejores Ingenieros, los mejores Técnicos y lo mejor de lo mejor en el mundo de la ciencia y la invención y la innovación. Y para ésto deberá contarse con capital suficiente.

Todas las innovaciones y las invenciones obtenidas en cualquier Centro Industrial o Centro de Investigaciones, establecido por la alianza, deberán ser presentados a la Directiva de la Alianza, para que ésta los ofrezca y los ponga a disposición de los paises miembros y a sus Industrias y Centros de Investigación, **sin costo alguno.**

La Directiva de la Alianza tendrá acceso libre a todas las Industrias y Centros de Investigación establecidas por La

Alianza para enviar Sub Directores a cada una por tiempo indefinido, con el propósito de estar al corriente de los adelantos en proyectos de Innovación o Invención, sus visitas podrán ser desde unos dias a unos meses.

El proyecto inicial será tentativamente, la adquisición de la tecnología del Automovil y de Maquinaria Agrícola, incluyendo todos sus componentes y variedades, dentro de una sola marca y ponerlas en producción en cada país que se seleccione para establecerlas.

Éstos paises construirán los edificios y serán responsables de pagar los sueldos de todos los empleados, teniendo en cuenta que una sóla de éstas industrias, necesitará de muchas otras fábricas para producir la cantidad total de partes necesarias para su producción.

Igualmente, deberán estar preparados para hacer inversions de gran magnitud, siendo la mayor parte en su moneda propia, aun cuando se anticipa la necesidad de usar ciertas cantidades de dólares en éstos proyectos.

En el proyecto del Automovil, éste será de una sola marca, pero en todas sus variedades, como dos y cuatro puertas, wagons y mini Vans, pick-Ups y camiónes de carga, tratando luego de crear una variedad de Semi o camiones para remolcar plataformas o trailers para la carga y otras.

En maquinaria Agrícola se producirán tractores y todo el equipo necesario para cada trabajo del campo y movimiento de tierra y de objetos pesados, igualmente se fabricarán todos sus componentes hasta el último tornillo y tuerca, lo mismo que en el proyecto del automovil.

Al obtenerse ésta tecnología, se hará incluyendo derechos totales de producción, con el propósito de construir plantas o fábricas del mismo producto en más de un país.

Se obtendrán también derechos de producción de otras industrias en relación con el capital en posesión, hasta completar el total de las industrias que existen hoy en paises más adelantados.

Y volvemos a mencionar, que la gran ventaja al formar ésta Alianza es, que se hace más fácil obtener tecnologias sumamente costosas, con la participación de capital de muchos paises en forma de cuotas anuales, y es mucho más factible y dá la oportunidad de obtener más de una a la vez.

Los paises interesados en establecer industrias mayores como las de Automóbiles y maquinaria Agrícola deberán estar preparados para hacer los gastos relacionados con las estructuras apropiadas para táles industrias, lo mismo que gastos relacionados con pago de personal y otros pagos que podrían ser en dólares.

Igualmente deberán tener capacidad humana o trabajadores de su propio pais que serán cantidades elevadas, para cubrir la crecida demanda de ellos en la producción de éstos productos y sus componentes que son muchos, y preparados también como lo expresamos ántes, para hacer inversiones de enormes cantidades de capital en su propia moneda, en este tipo de Industrias mayores.

Volvemos a reiterar: todas las industrias obtenidas podrán ser duplicadas en cualquier país que lo solicite, incluyendo las arriba mencionadas, industrias mayores.

La directiva de ésta Alianza estará en busca contínua por derechos a tecnologías que se consideren convenientes para los paises miembros y en busca de personal con conocimientos y experiencia para poner éstas industrias a producir y asistir luego a nuevos Sub-Directores hasta que obtengan el conocimiento y experiencia que ellos traen para que después los nuevos técnicos, establescan las mismas industrias en otros paises.

Cuanto más industrias se establezcan en paises miembros, la necesidad de importar productos que yá se fabriquen, irá disminuyendo y la necesidad de moneda extranjera disminuirá en la misma medida. La necesidad de dólares será menor cada año, hasta liberarse de la **esclavitud económica** en la que paises pobres se encuentran.

Existen miles de industrias cuyos derechos pueden adquirirse, lo mismo que personal con experiencia dispuesto a ayudar en la formación de las fábricas desde sus cimientos.

Cada país tendrá alguna industria, paises grandes que tengan la capacidad humana podrán tener varias o muchas, paises pequeños tendrán todas las que ellos consideren suficientes considerando su capacidad humana igualmente.

El propósito principal es <u>generar empleos</u> y acelerar sus economías y de paso obtener la <u>Autosuficiencia,</u> Cuando se aumentan los empleos, se aumenta la cantidad de dinero en las economías lo que aumenta la demanda de productos, que require de más empleados para producirlos; Con ésto aprendemos que en la ciencia de economia el punto principal **es: empleos** que dan como beneficio adicional una crecida produccion que satisface la necesidad nacional, llamada **Autosuficiencia;** Con ésto se reduce la necesidad de dólares o moneda de otro pais, pues la totalidad o la mayor parte de los productos que se consumen son producidos y pagados con moneda del mismo pais que los produce; Y éste es precisamente el propósito final al Industrializar a los paises pobres, miembros de la Alianza.

El costo de la cuota inicial y anual será absolutamente **equitativo** y rendirá un beneficio enorme, con la participación de varios paises se facilitará obtener más Industrias.

Más paises en la Alianza, mayor la cantidad de industrias que se pueden obtener y establecer en menos tiempo.

Se han <u>identificado</u> una cantidad de industrias, desde menores hasta mayores, con todos sus derechos vigentes que pueden ser adquiridas en su totalidad.

Se han identificado igualmente, fuentes de personal con <u>experiencia</u> en la fabricación de diferentes productos, incluyendo toda clase de equipos, aparatos, maquinaria y muchos otros objetos, y ellos están en busca de oportunidad de emplearse. La Directiva de la Alianza seleccionará los que considere más apropiados para estos proyectos.

Además de las industrias del automovil y de maquinaria Agrícola, otras industrias serán obtenidas y ofrecidas a paises miembros que deséen establecerlas, y así año con año, nuevas industrias serán obtenidas y puestas a la disposición de los paises miembros.

Las cuotas iniciales y anuales, serán en dólares, dado que una gran parte de las industrias a obtener serán de estados Unidos, aunque otras vendrán de otros paises, éstos también, sólo aceptan dólares a cambio, nó la moneda de paises pobres.

Ahora los introduzco al siguiente proyecto:

Éste, al igual que la Alianza para el Progreso, es también otra totalmente básica y prometedora propuesta que complementa el plan de La Alianza: **UNA NUEVA MONEDA.** para el comercio entre los paises miembros de la Alianza.

Ésta nueva moneda será introducida para el comercio entre los paises miembros de la Alianza para el progreso.

Esta moneda podrá ser usada por los gobiernos y empresas y tambien por el ciudadano en la compra y comercio de todos los productos que las industrias establecidas estén yá produciendo después de la formación de la alianza, y durará por el tiempo que la Alianza dure.

Cada país mantendrá su misma moneda propia, usándola en igual forma que siempre dentro del ámbito nacional, pero tendrán a disposición la nueva moneda con la cual podrán adquirir de otros paises miembros todos los nuevos productos de las industrias yá en producción dentro de la Alianza.

Los gobiernos podrán usar ésta nueva moneda para adquirir productos de las industrias establedidas, para su propio uso y podrán asignar cualquier parte de la nueva moneda a empresas o ciudadanos para usarla con el mismo propósito.

Ésta nueva moneda será acreditada a cada país en una cuenta de **Banco Virtual** o de intenet, ejecutando Depósitos, Remisiones, órdenes de pago y deducciónes electrónicas. Las actividades y balances serán seguidas por personal de dicho banco y se ofrecerá la mayor seguridad en cada cuenta.

Cada país podrá revisar su balance continuamente 24/7.

No hay planes de producir moneda o billetes para la circulación en éste momento.

No hay planes de introducir ésta moneda para el Comercio Foráneo en éste momento.

El nombre de ésta moneda es: **" O R O "** Y será para uso exclusivo entre paises de la Alianza.

El tipo de cambio será de: a la par con el dolar, o bien: 1 ORO por un Dólar. Su duración será la misma que la duración de la Alianza, pero las dos podrán ser extendidas.

Nuevamente: Los paises miembros seguirán usando su misma moneda en su comercio nacional y la nueva moneda podrá ser usada conjuntamente para el comercio dentro del país y entre paises miembros, especialmente en la adquisisión de los nuevos productos emanados de las industrias establecidas por la Alianza.

La fecha de introducción de ésta moneda, si es aprobada, será cuando todo el equipo electrónico y personal bancario esté en orden y operable. Tanto la moneda como el sistema de operación deberán ser aprobados por todos los paises de la Alianza en ése momento.

Éste Banco se llamará: **Banco de la Alianza** y estará bajo la autoridad de la directiva de la Alianza, pero operará con un Director y un subdirector, o bien Gerente y Subgerente y con todo el personal especializado para operarlo.

Tanto la Directiva de la Alianza como El Banco de la Alianza, serán <u>autónomos.</u>

La introducción de la nueva moneda podrá acelerarse o retardarse o cancelarse si se considera prudente.

Todos los paises miembros de la Alianza recibirán en forma de un depósito en el Banco de la Alianza, la cantidad de OROS igual a la cantidad pagada en dólares en sus cuotas a la Alianza. Es decir, al cambio de **1 ORO por 1 dólar.**

Éste tipo de cambio mejorará conforme se obtengan más industrias y éstas empiecen a producir. Será luego posible reducir a la mitad o menos la relación de cambio, posiblemente a $0.50 de dolar o menos por cada oro, pues para entonces ya no habrá una gran necesidad de dólares para nuevas industrias, pues ya se habrán obtenido la mayor parte de ellas.

Para empezar el cambio será <u>1 dolar por un ORO</u>.

Si algún país desea comprar más <u>OROS</u>, éstos los podrá adquirir usando dólares a entregar y recibirá crédito por la misma cantidad en OROS. Todas las cantidades de dólares recibidos en éstos cambios serán usadas con el mismo propósito de las cuotas, que es financiar nuevas adquisiciones de Industrias y sostener la directiva de la Alianza y sus proyectos en marcha.

La directiva de la Alianza tendrá autoridad para producir los OROS necesarios para cubrir la demanda de los gobiernos de los paises miembros y dará autoridad al Banco de la Alianza para acreditar o deducir las cantidades asignadas o cargadas a cada país, conforme a la transacción ocurrida.

La Directiva de la Alianza tiene autoridad para usar las entradas de capital para su propio funcionamiento.

La Directiva de la alianza, su equipo de personal Directivo y su Banco operarán en forma autónoma.

REPETIMOS: El vehiculo para el comercio ORO, es para el intercambio comercial entre paises miembros de la Alianza para el Progreso, <u>y no tiene ningún </u>respaldo excepto el de cambio por productos de éstos paises.

No existe ningún compromiso ni obligación de recibir o cambiar o de reintegro por parte del Banco o Directiva de la Alianza.

Se trabajará en conjunto con los gobiernos de los paises miembros para que en el término del tiempo que ésta Alianza esté vigente y antes de su terminación, Las monedas de todos los paises miembros se igualen al valor establecido para la moneda de la Alianza, el " ORO ".

Al momento no hay planes de introducir al comercio mundial la moneda " ORO ", pero si ésto sucede, se insistirá en un tipo de cambio a favor, que produzca el mayor beneficio a los paises de la Alianza.

Al terminar ésta sesión de estudios, se les pasará una forma que se les pide llenar, con el propósito de saber cuántos paises están interesados a inscribirse en La Alianza para el Progreso, favor de anotar número de teléfono del contacto directo con autoridad para hacer decisiones sobre éste proyecto, lo mismo que su direcciones postales y sus direcciones y nombres electrónicos.

Una vez que tengamos la lista de paises o gobiernos interesados, se les indicará mediante mensaje electrónico, el lugar en el Internet donde puede llenar la aplicación y la forma de pagar la cuota inicial y se indicará la fecha para una junta o sesión que pondrá en marcha oficialmente a :

"LA ALIANZA PARA EL PROGRESO"

Ha sido un honor y privilegio haber tenido la oportunidad de ofrecerles nuestras tácticas y proyectos que pueden ustedes usar para el mejoramiento de sus paises. Es también una gran satisfacción poder ofrecerles participar en el proyecto más grande y ambicioso, que todos los paises aspiran a tener en éste momento.

Hemos envisionado que todos los paises miembros, progresarán en un grado quizá poco imaginado, muchas veces superior al que se encuentran hoy.

El programa completo y su Alianza llevará a todas las naciones miembos a un **progreso permanente** que será la envidia del resto de los paises del mundo, pues serán dueños de las industrias y tecnologias más avanzadas.

Sabemos también que nuestras propuestas y proyectos rudimentalmente presentados aquí, yá en manos de sus propios peritos y especialistas, producirán muchas veces los resultados aquí envisionados.

Pero más importane que todo, es que habrán traído **progreso y bienestar** para toda su nación.

- - - - - - - - - -

CUOTAS DE INSCRIPCIÓN Y ANUALES PARA PAISES
MIEMBROS DE LA **ALIANZA PARA EL PROGRESO**

LA FÓRMULA PARA LA CUOTA INICIAL Y ANUAL ES:

POR CADA HABITANTE DEL PAIS.

CUOTA : $xxxxx DÓLARES (pendiente)

LA DURACIÓN DE ÉSTA ALIANZA Y DE LA NUEVA MONEDA (**ORO**) SERÁN DE 20 AÑOS DURANTE LOS CUALES O AL TÉRMINO DE LOS CUALES, PODRÁN SER TERMINADAS UNA O LAS DOS, O BIÉN, PODRÁN SER EXTENDIDAS POR UNA CANTIDAD DE AÑOS IGUAL O MENOR O MAYOR.

Nuevamente, queda en sus manos el progreso y prosperidad de sus pueblos, la prosperidad se obtiene poniendo en marcha nuestras popuestas y proyectos de acción interna; El progreso se consigue con la industrialización traida de otros paises y su innovación, y con la invención de nuevos productos para uso actual y en el futuro.

No olviden inculcar la invención en sus ciudadanos, especialmente sus niños en su país.

ÚNETE A LA ALIANZA PARA EL PROGRESO!

<u>Unas últimas palabras :</u>

Todos ésto proyectos, tácticas y estrategias y comentarios, deberán permanecer **secretos,** pues si algunos de ellos se hacen públicos, es posible que paises afectados, empezarán a tomar medidas obstructivas y restrictivas para la adquisición y exportación de tecnologías y plantas industriales, y es posible también que apliquen medidas de restricción monetaria y comercial a los paises que son ahora sus compradores, pueden también sufrir boycoteo comercial por parte de paises no afectados pero presionados por los afectados.

Cuando las industrias introducidas empiecen a producir en cada país, los paises hoy productores perderán ventas a los paises de la Alianza y es posible que ellos opten por aplicar represalias como las indicadas anteriormente, pero que ésto no les desvíe del camino trazado hasta ver todos sus objetivos realizados.

Estámos absolutamente seguros que el contenido de éste pequeño libro es: - - La

"PUERTA HACIA EL PROGRESO"

"Para todos los paises pobres del mundo"

AHORA:

Más palabras que nunca deben olvidarar.

Primeramente: Que hay tres grados o clases de fuerza o poder.

Primero: **La fuerza <u>Política,</u>** con ésta podemos obtener lo que queremos por medio de la palabra y el convencimiento, para beneficio personal y del país o Nación, para ello necesitamos las mejores mentes que tengan éste poder, no cualquiera lo posee.

Segundo: <u>**El poder Económico,**</u> con él, podemos obtener lo que nosotros queremos usando las estrategias hoy usadas por paises ricos, y que se pueden usar para beneficio personal y del país y Nación, las cuales ya estudiamos y otras que ustedes mismos puedan producir o crear.

Tercero: <u>**El Poder Militar,**</u> con él se pueden obtener concesiones de otros paises para beneficio del país que posee dicho poder.

Nosostros creemos y favorecemos la fuerza **<u>Política</u>** y el poder del convencimiento en forma pasiva no beligerante, pues si deveras tenemos la razón, las palabras fluyen solas y tocan a las personas a quien se dirijen y producen el convencimiento buscado y se evitan confrontaciones.

Verdaderamente queremos y esperamos que todo éste tesoro de conocimientos con sus propuestas y proyectos, no se dejen en el olvido, sino que se pongan en acción para beneficio de sus paises y ciudadanos.

Que éstos estudios no queden como recuerdo de un gran proyecto que pudo llevarse a cabo para el bien de todos ahora y en la posteridad.

Que no séa una oportunidad más, que se dejó pasar, sino que séa el principio de la liberación económica de todos los paises pobres, y que séa el mejoramiento económico para cada uno de sus ciudadanos sin excepción.

Si de éstos estudios y éste plan de mejoramiento que yo les he presentado aquí, se deriva algún beneficio para ustedes personalmente, y para los paises pobres y paises ricos, yo me sentiré sumamente satisfecho y realizado, sabiendo que todos los paises del mundo, especialmente los más pobres, tienen finalmente los medios para prosperar y progresar en un plano igual o más nivelado, es decir a la par en conocimientos económicos y estratégicos, comparados a los paises más adelantados de hoy en dia, y que podrán trabajar por un progreso definitivo y duradero.

Muchas gracias y buena suerte.

Acerca del Autor.

Por: El autor

Mi nombre es Jesus Delgado. Nací en México donde atendí la Escuela primaria y cuatro años en un Seminario religioso, al final de los cuales decidí que no era mi vocación.

Una vez fuera de los estudios, me dediqué a trabajar experimentando en los ejidos y terminé emigrando a los Estados Unidos, aquí trabajé como jornalero y dos años después me uní en matrimonio con mi presente esposa Flora con la que tuvimos 5 hijos. Viajamos a Los Angeles California en busca de empleo y allí estuve empleado por diez años como Supervisor.

Regresé a Arizona donde trabajé en mantenimiento en un hospital hasta el tiempo de mi retiro.

Durante los últimos años de mi trabajo, incursé a México donde traté algunos negocios sin suerte; Pero durante éste tiempo logré obtener una Patente y escribí dos libros, uno de ellos es éste mismo del cual ofrecemos éstos estudios con nombre o Título: "PUERTA HACIA EL PROGRESO " el otro es : " IN SEARCH OF GOD " o bien: " EN BUSCA DE DIOS "

Como ven pues, mi origen es humilde y mi vida ha sido igualmente humilde y pobre, sin embargo éstas tres realizaciones o logros son absolutamente reales y me siento muy orgulloso de ellos, principalmente de " PUERTA HACIA EL PROGRESO " porque estoy seguro que con el conocimiento de todos los temas tratados en él, muchos paises y muchos millones de personas resultarán beneficiadas ahora y sus descendientes en el futuro, y todo, gracias a él.

El otro libro explora los secretos religiosos más sagrados y aunque el contenido es quizá Filosófico, sin embargo las conclusiones son absolutamente Reales y Lógicas.

En cuanto a la patente, el producto es genuino y de gran servicio de protección para la infancia. Sólo que la patente no se renovó a tiempo y expiró sin encontrarse un comprador.

- NOTAS -

www.ingramcontent.com/pod-product-compliance
Lightning Source LLC
Chambersburg PA
CBHW031942190326
41519CB00007B/620

* 9 780615 191140 *